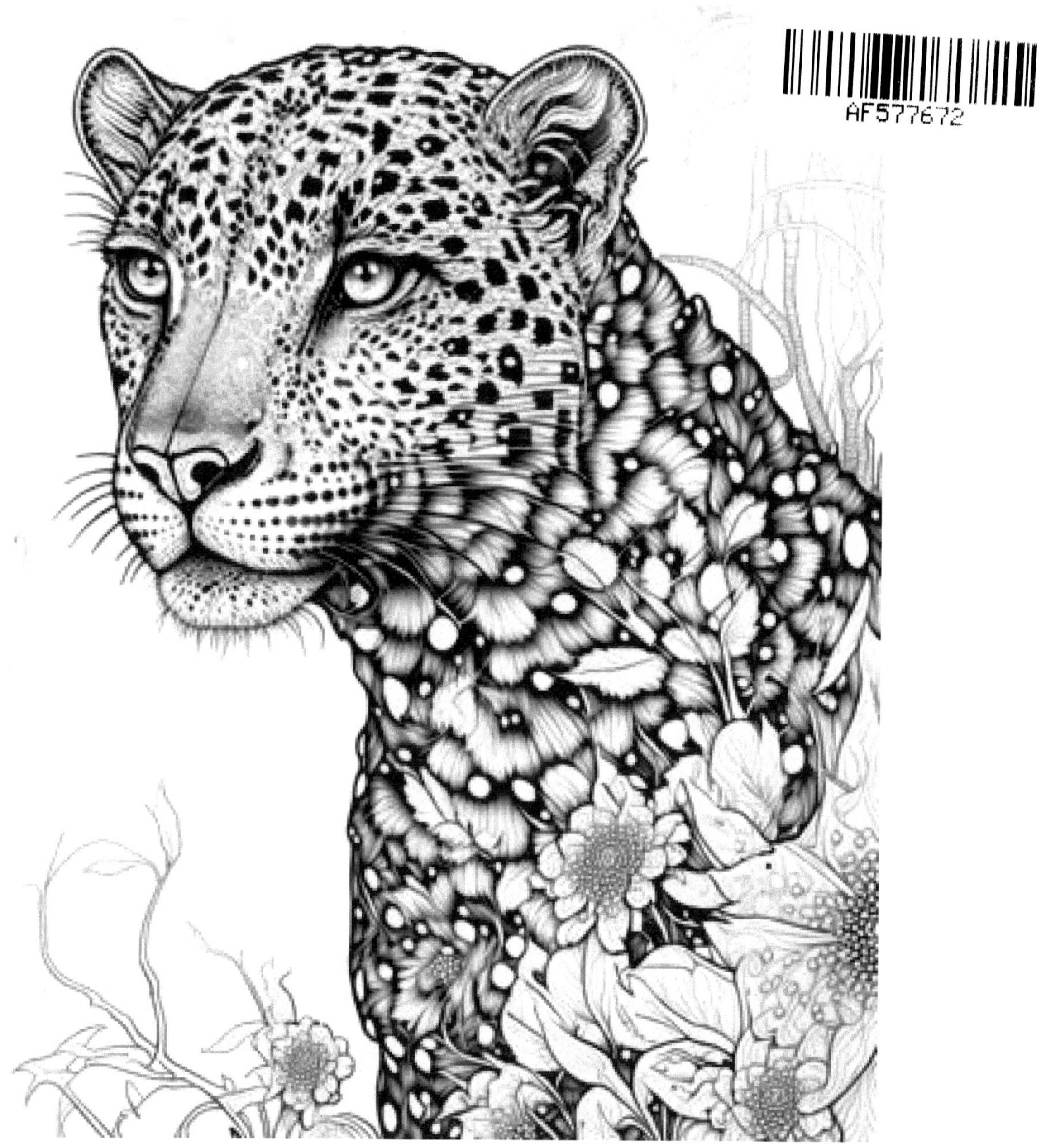

ANIMALS MANDALA

Mahesh K

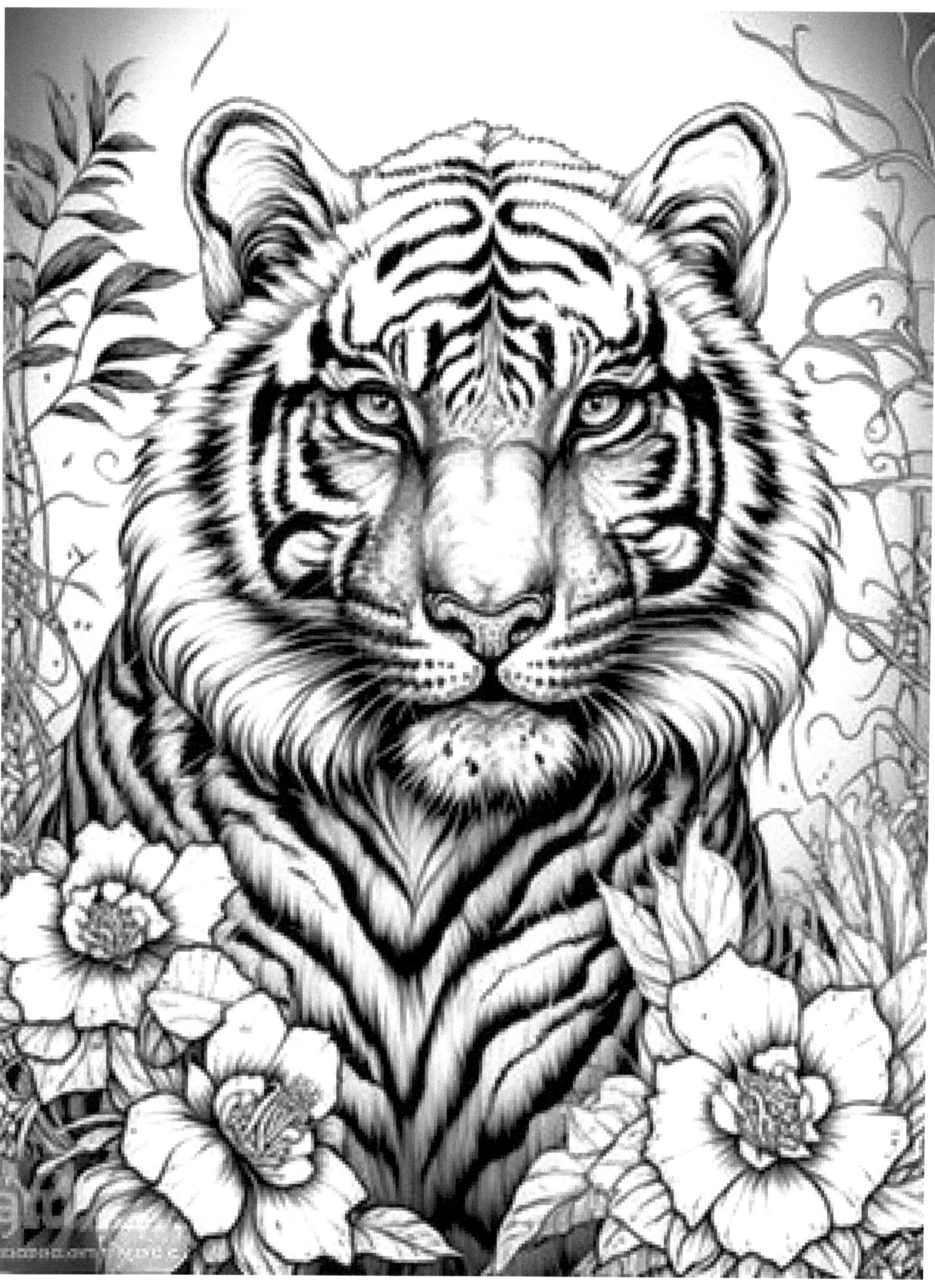

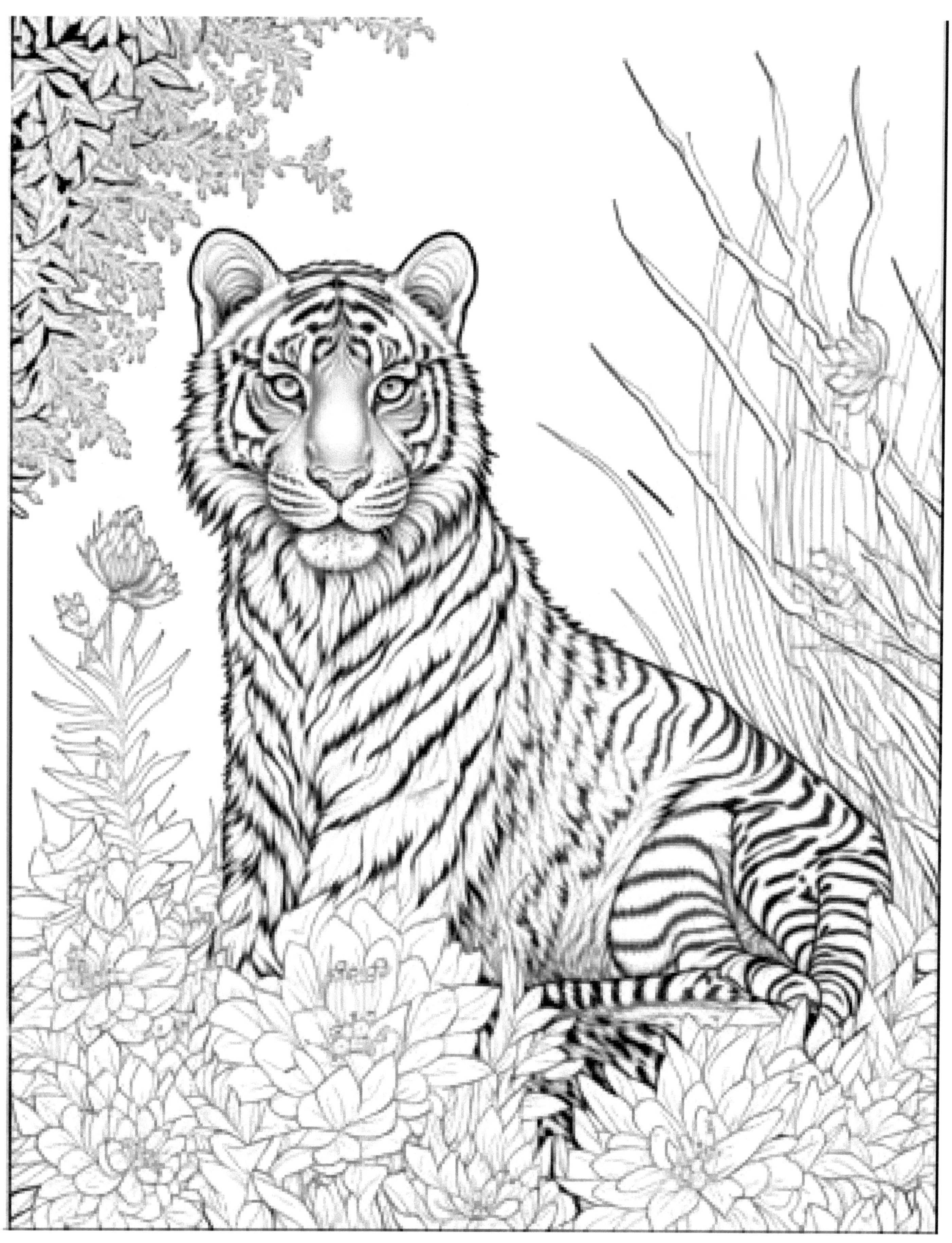

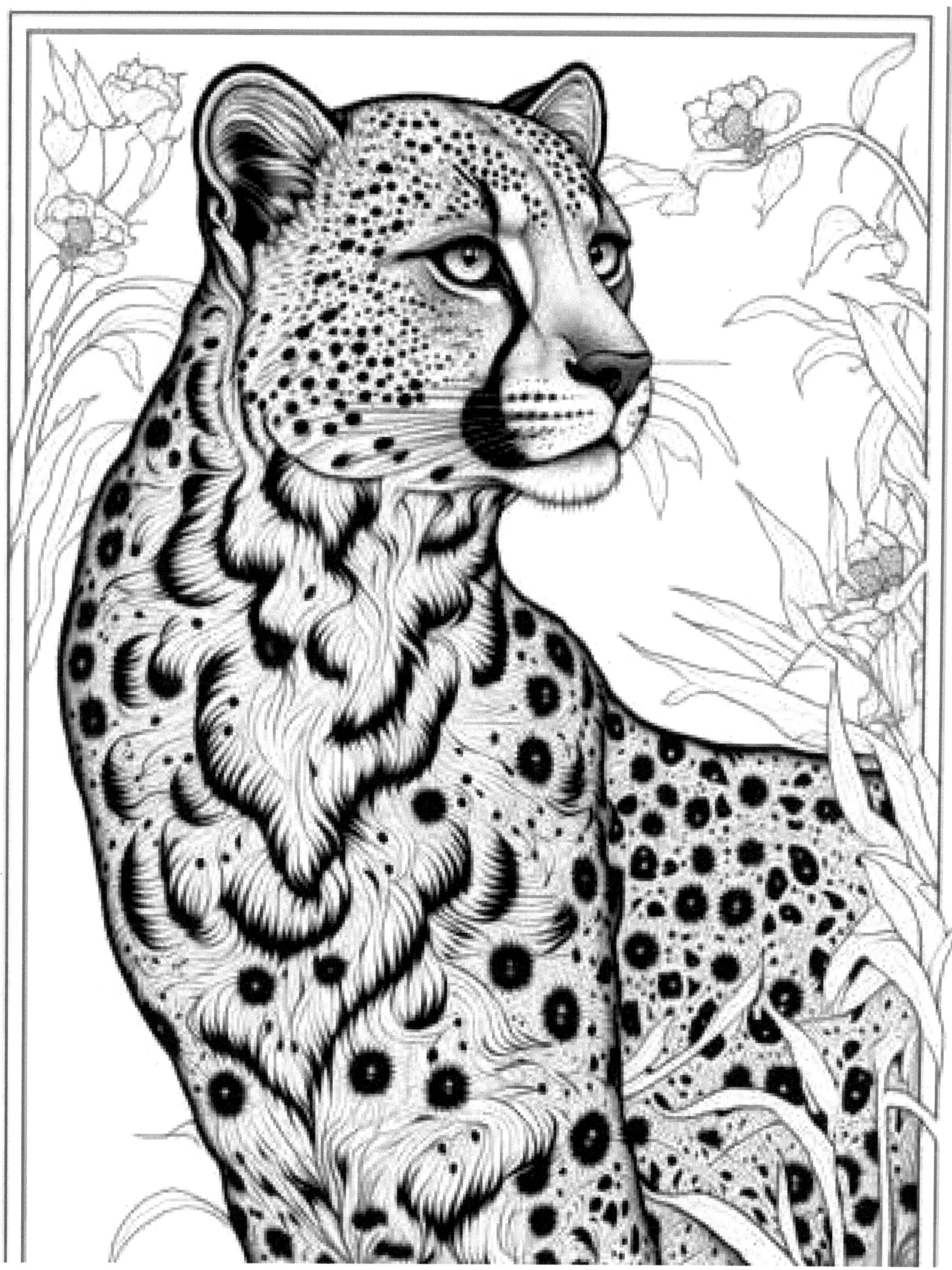

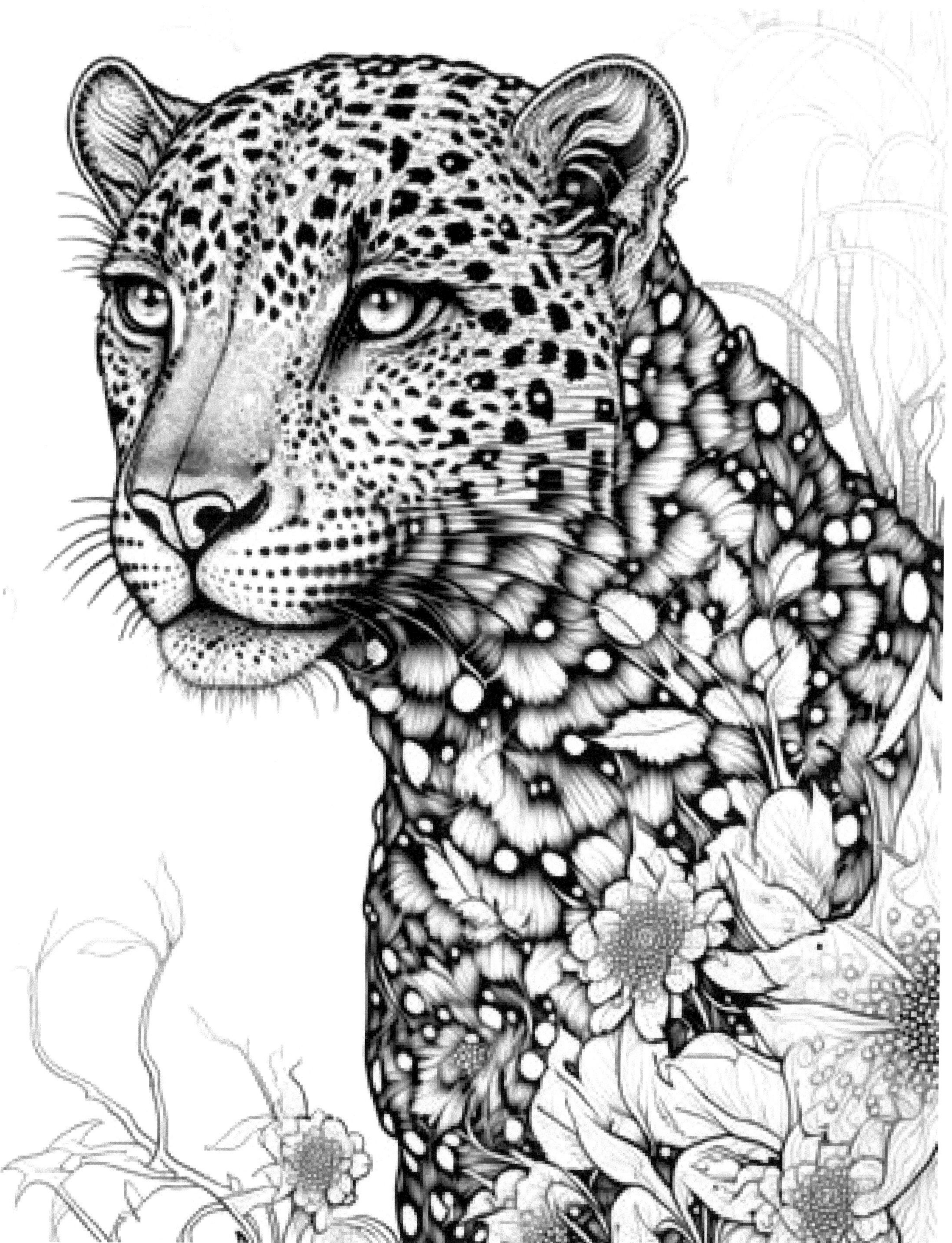

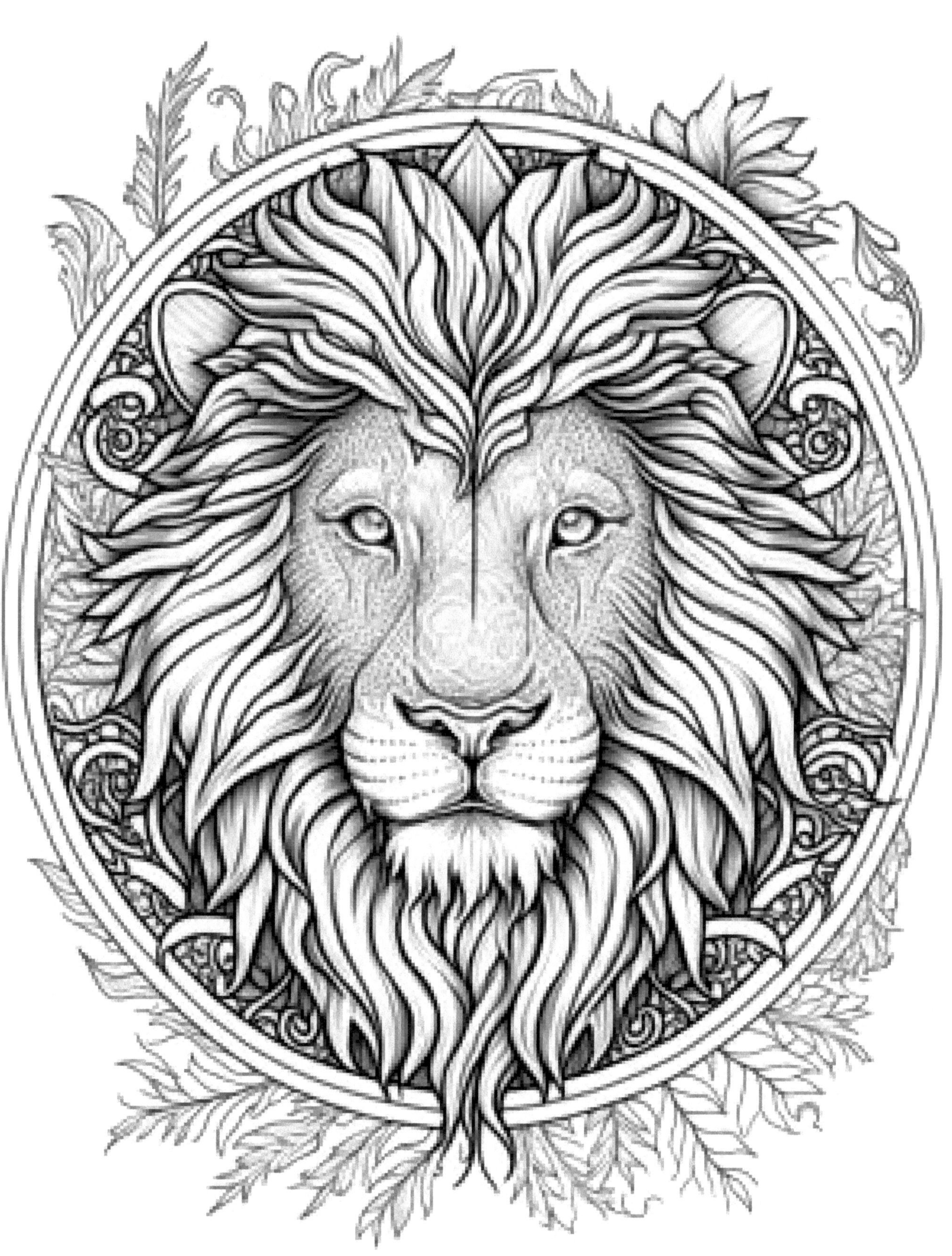

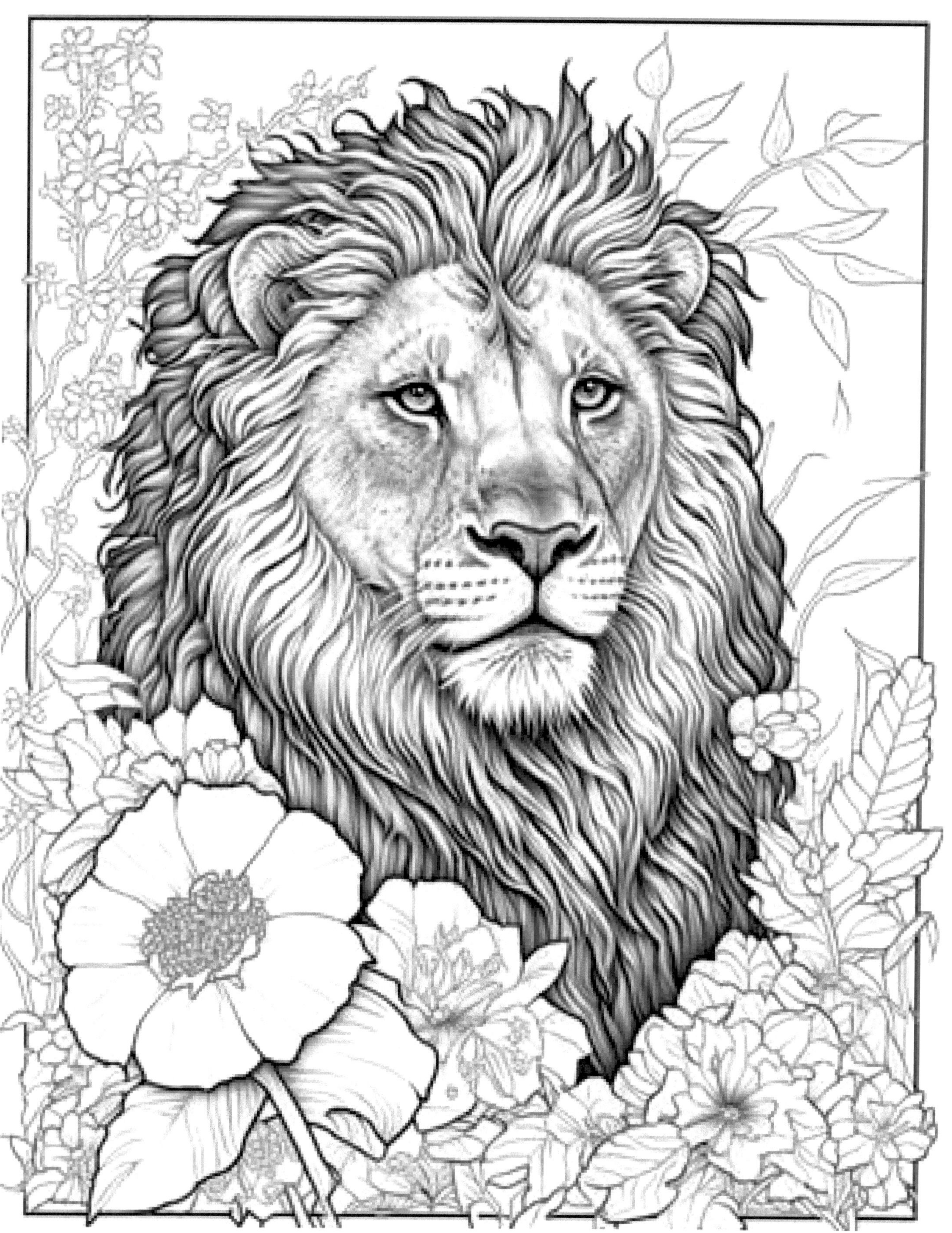

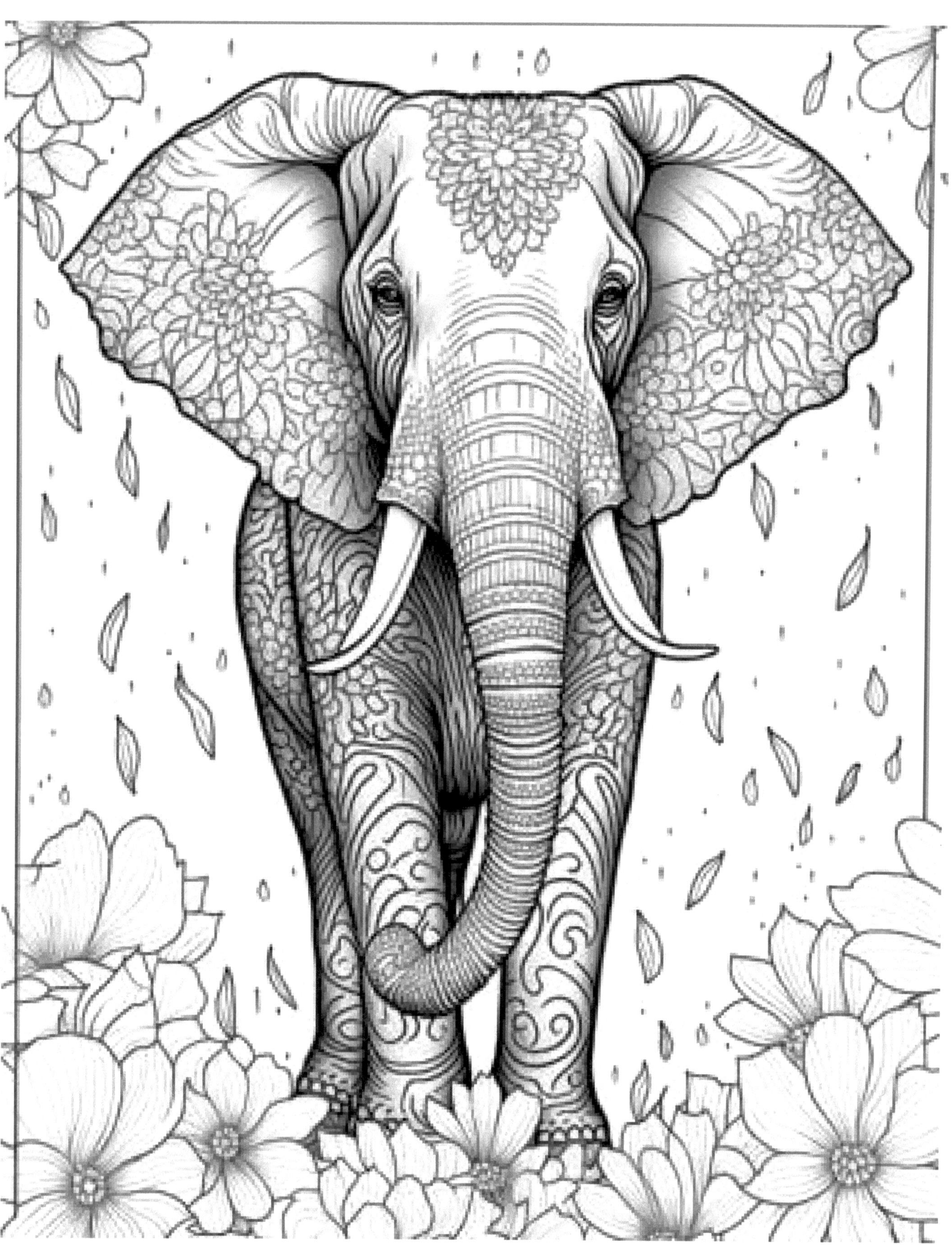

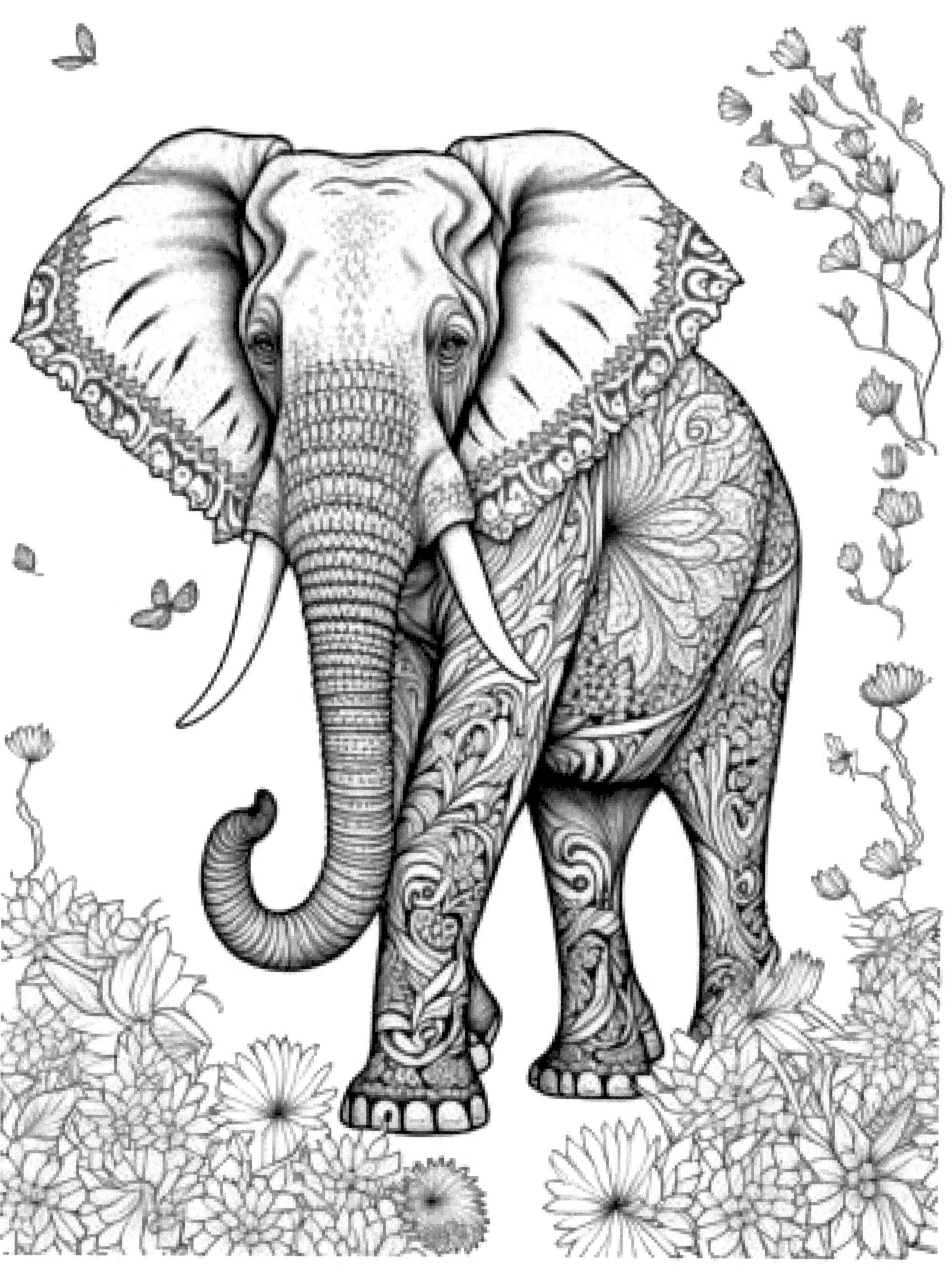

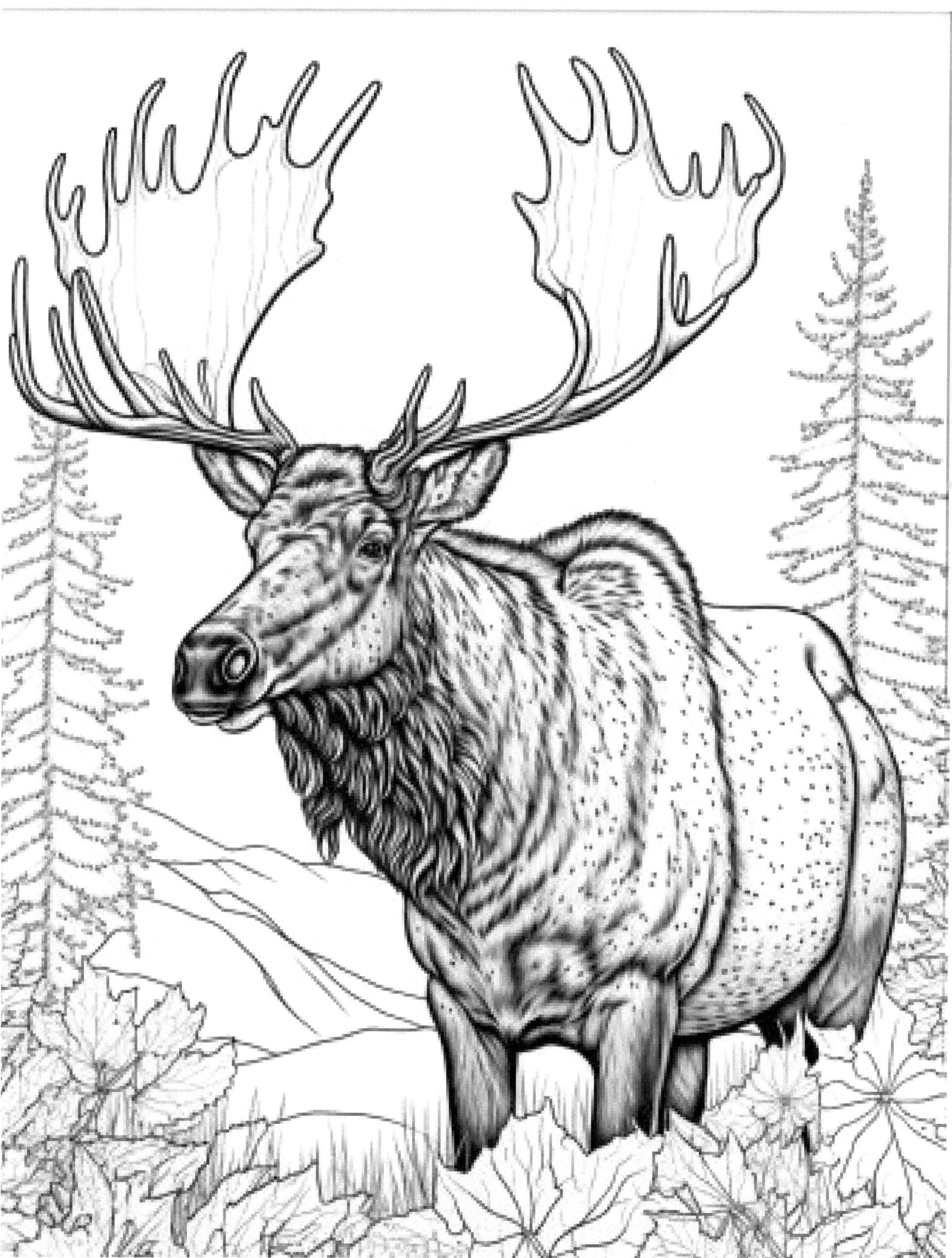

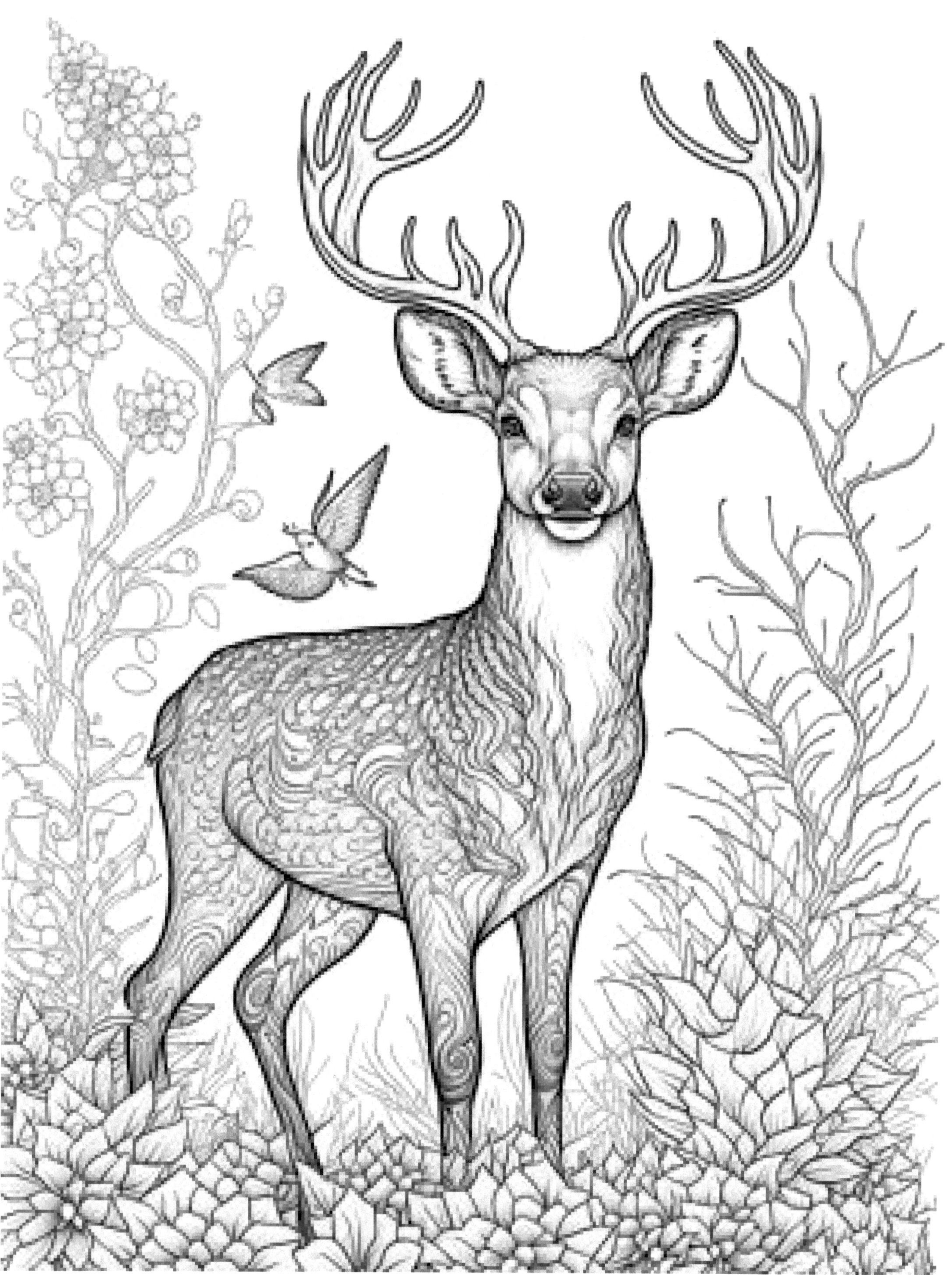

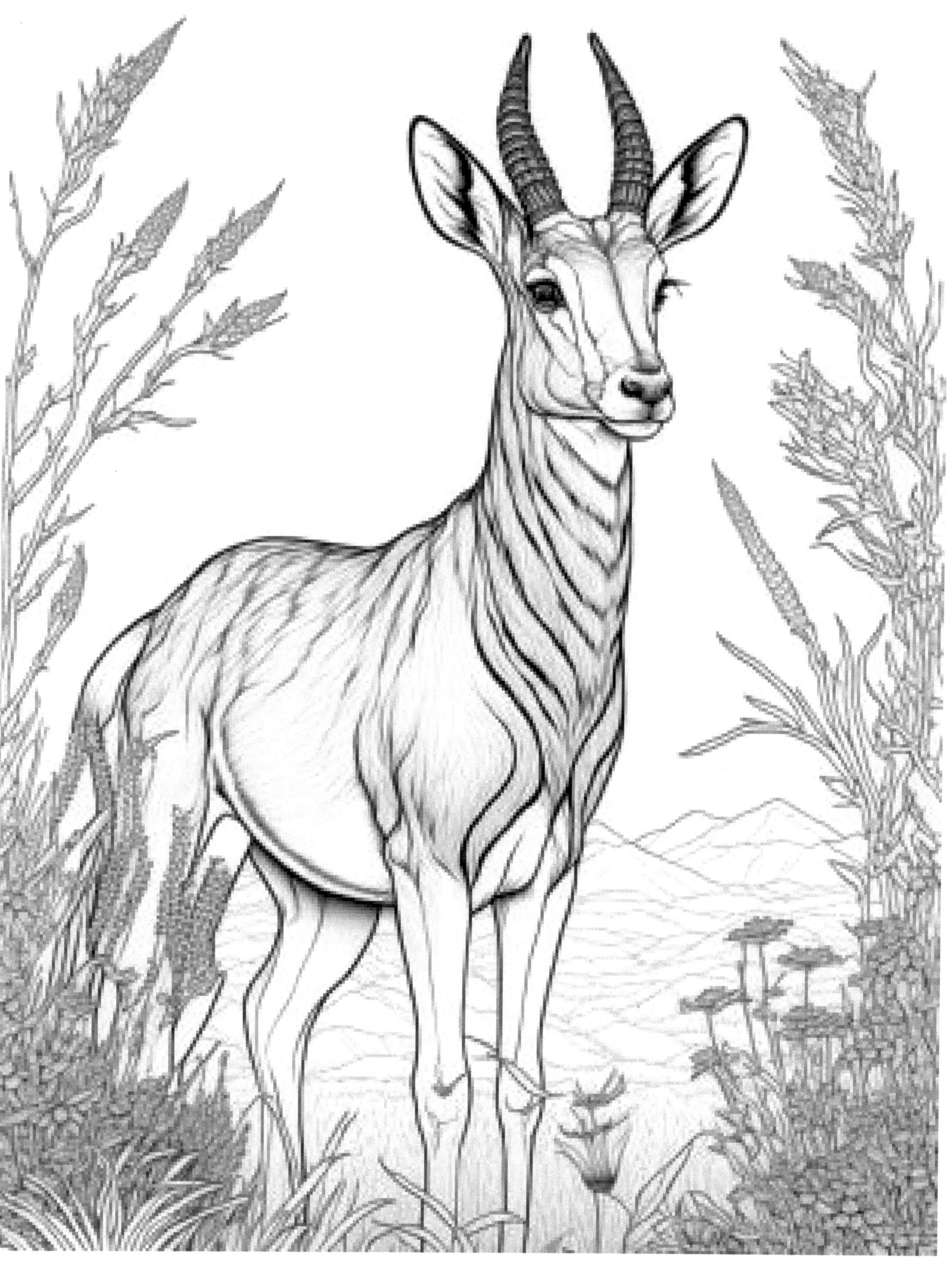

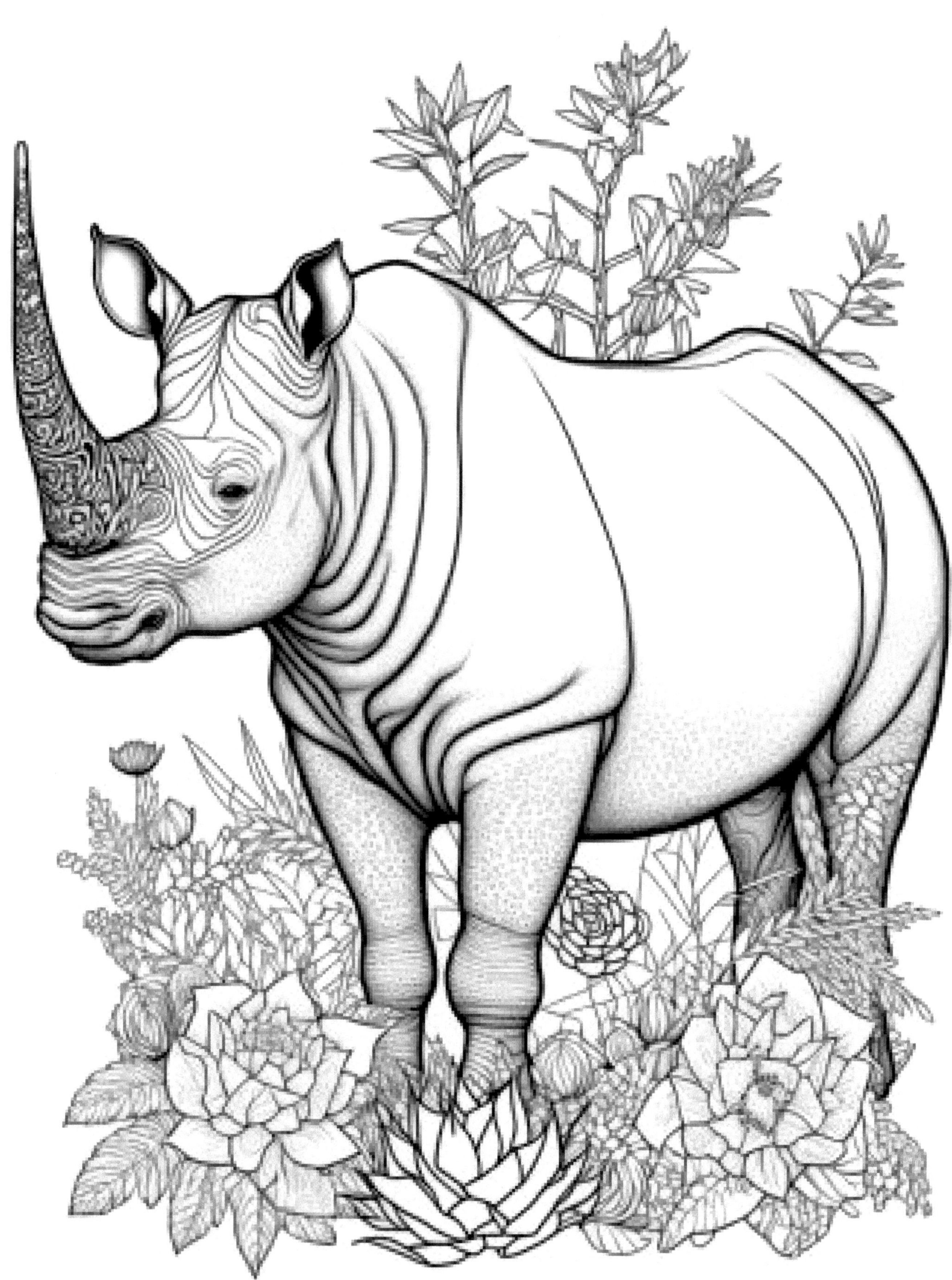

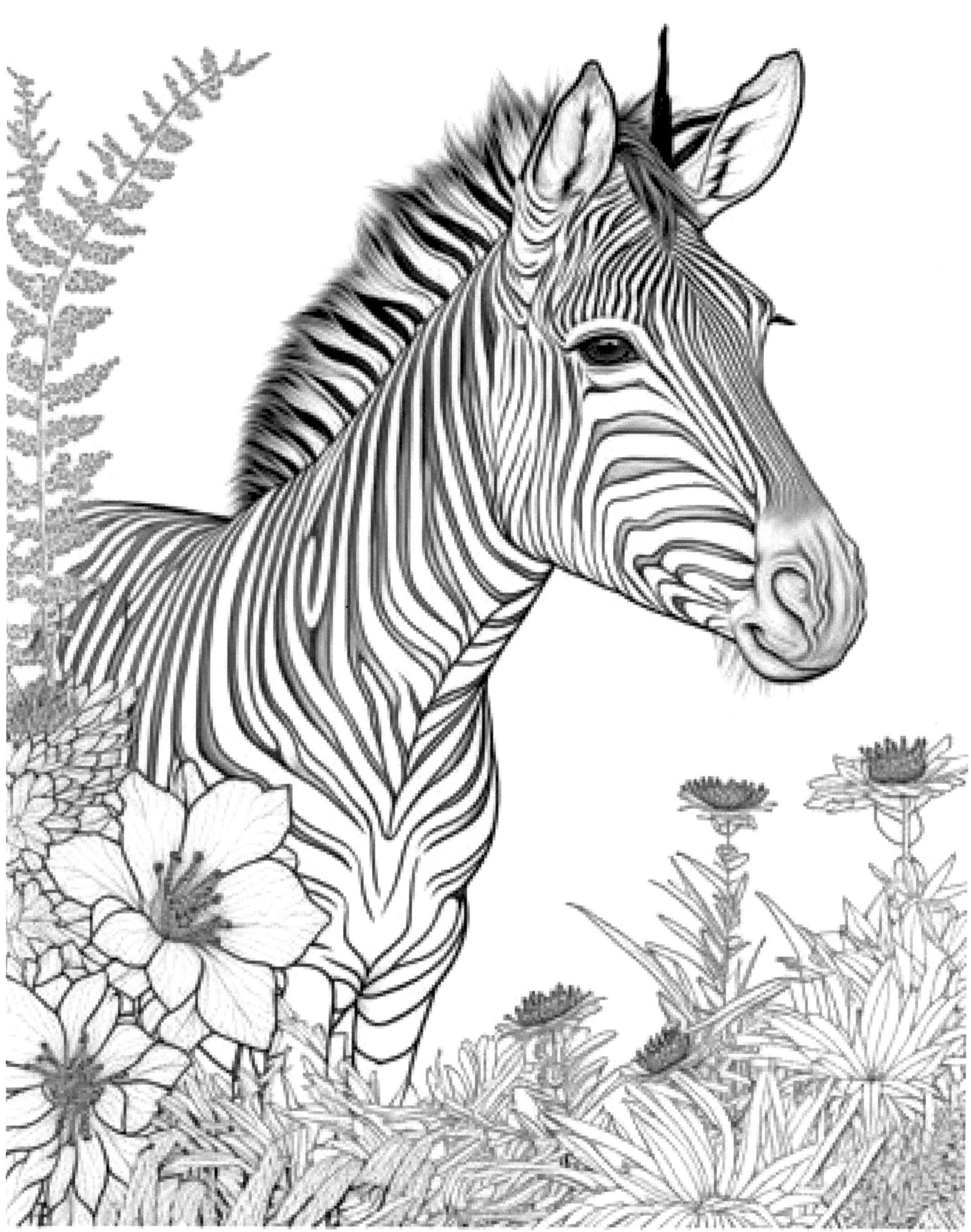

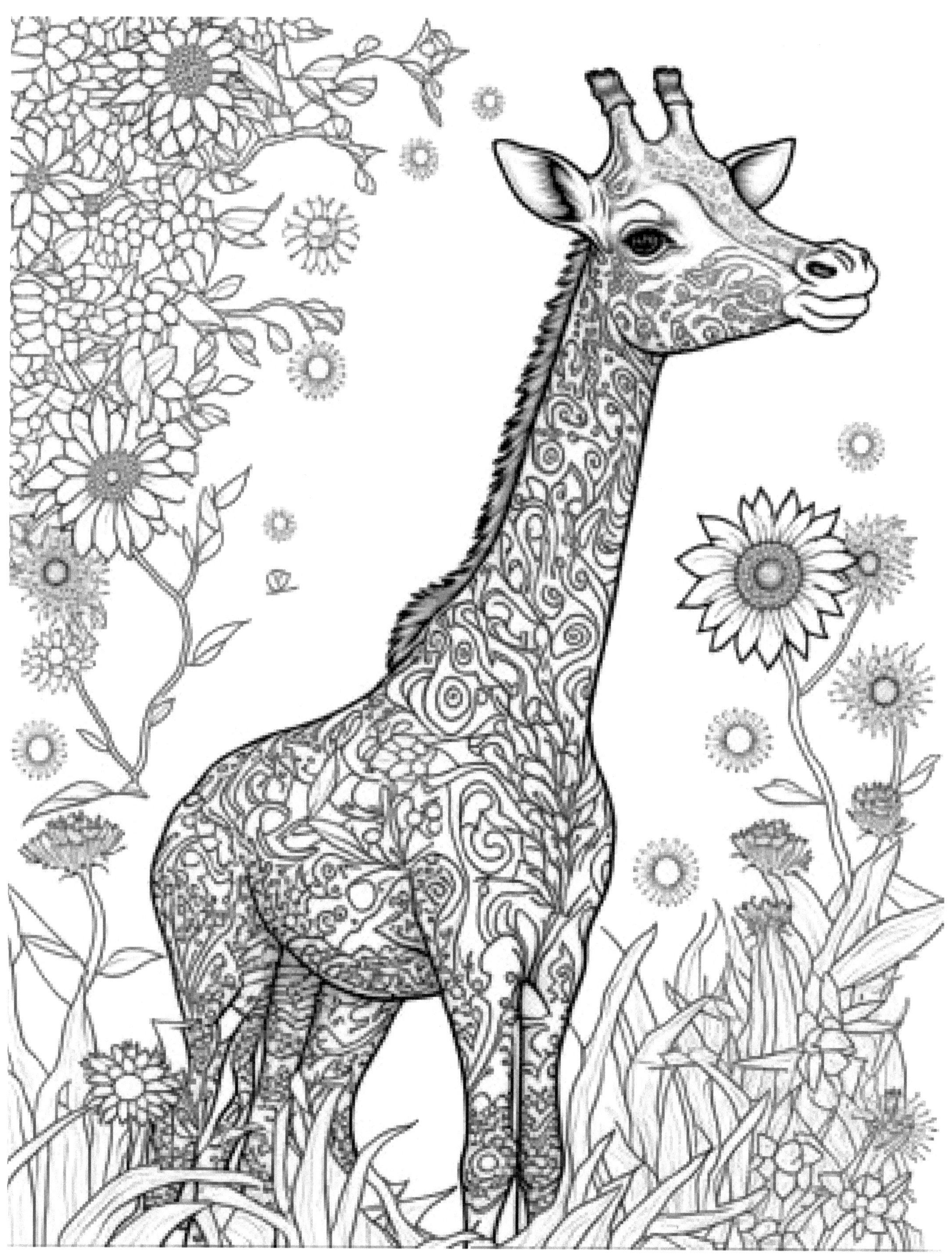

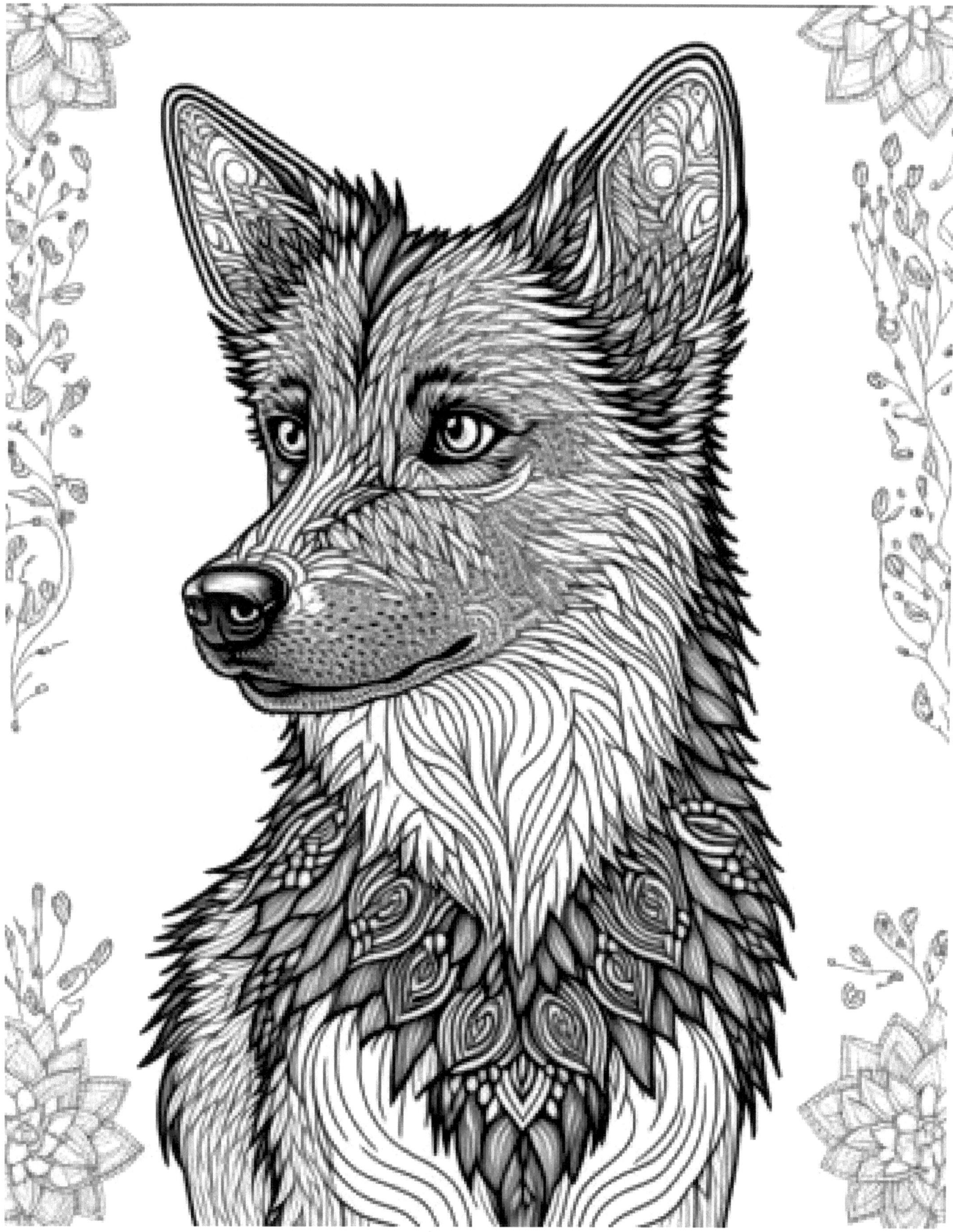

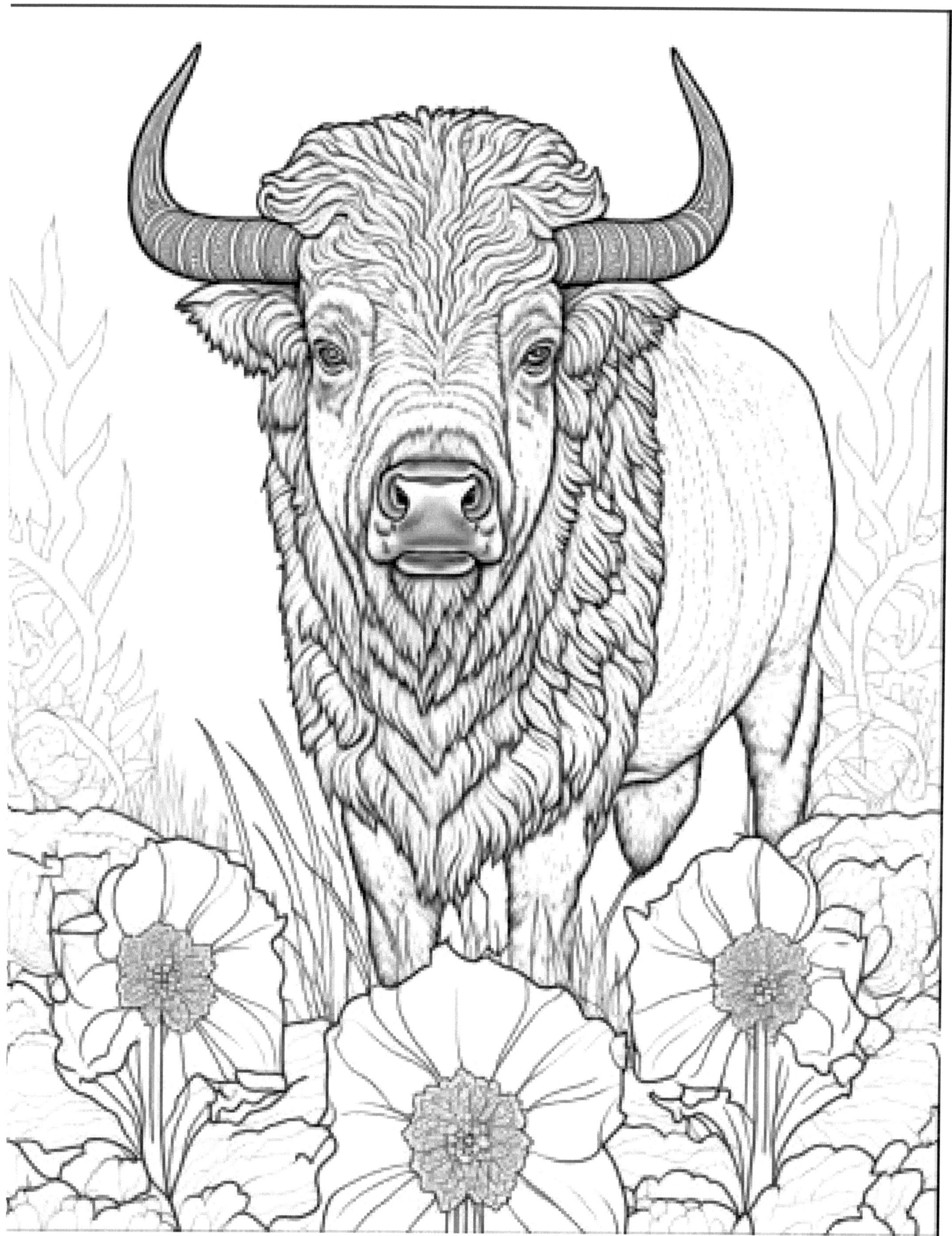

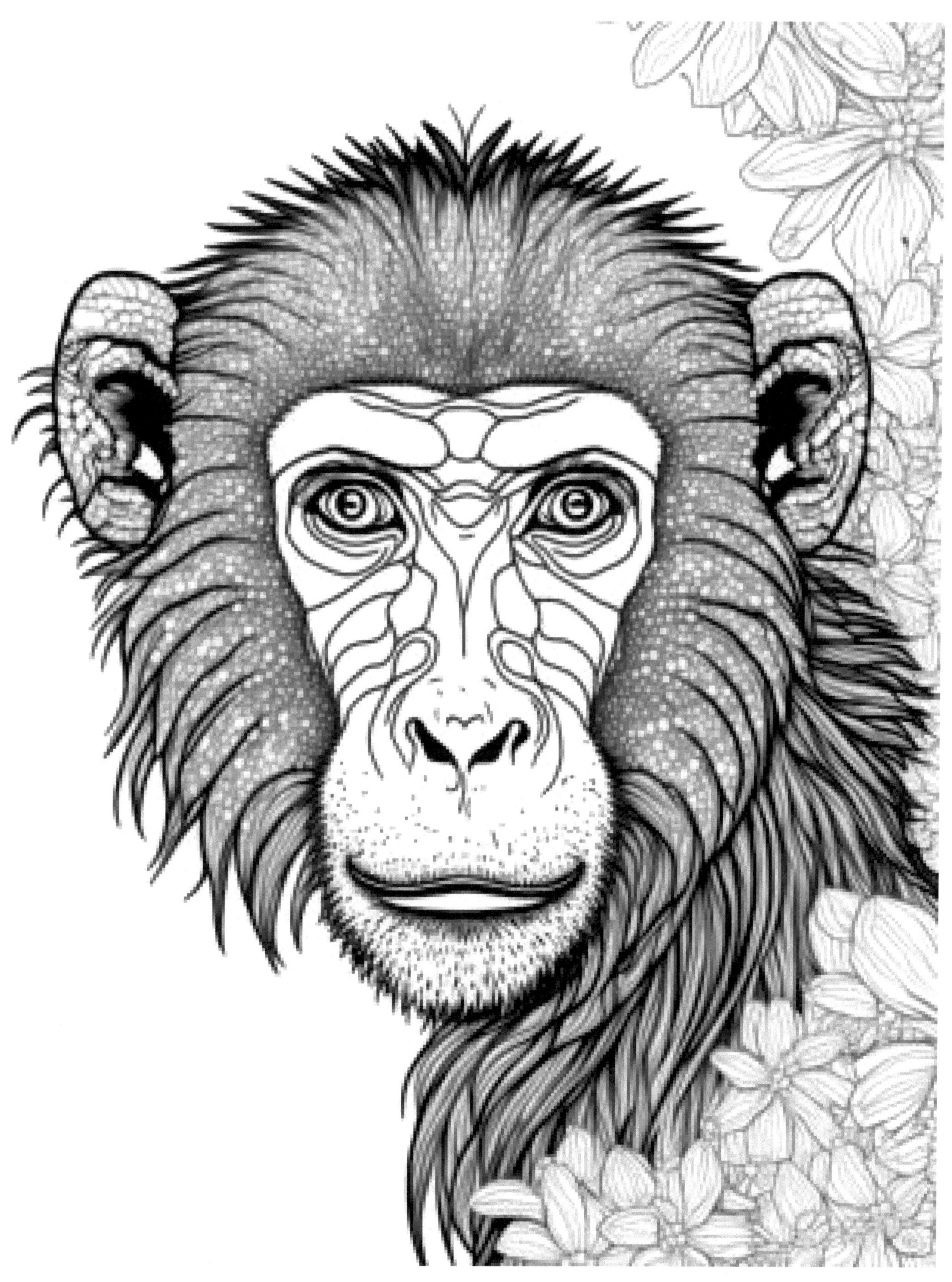

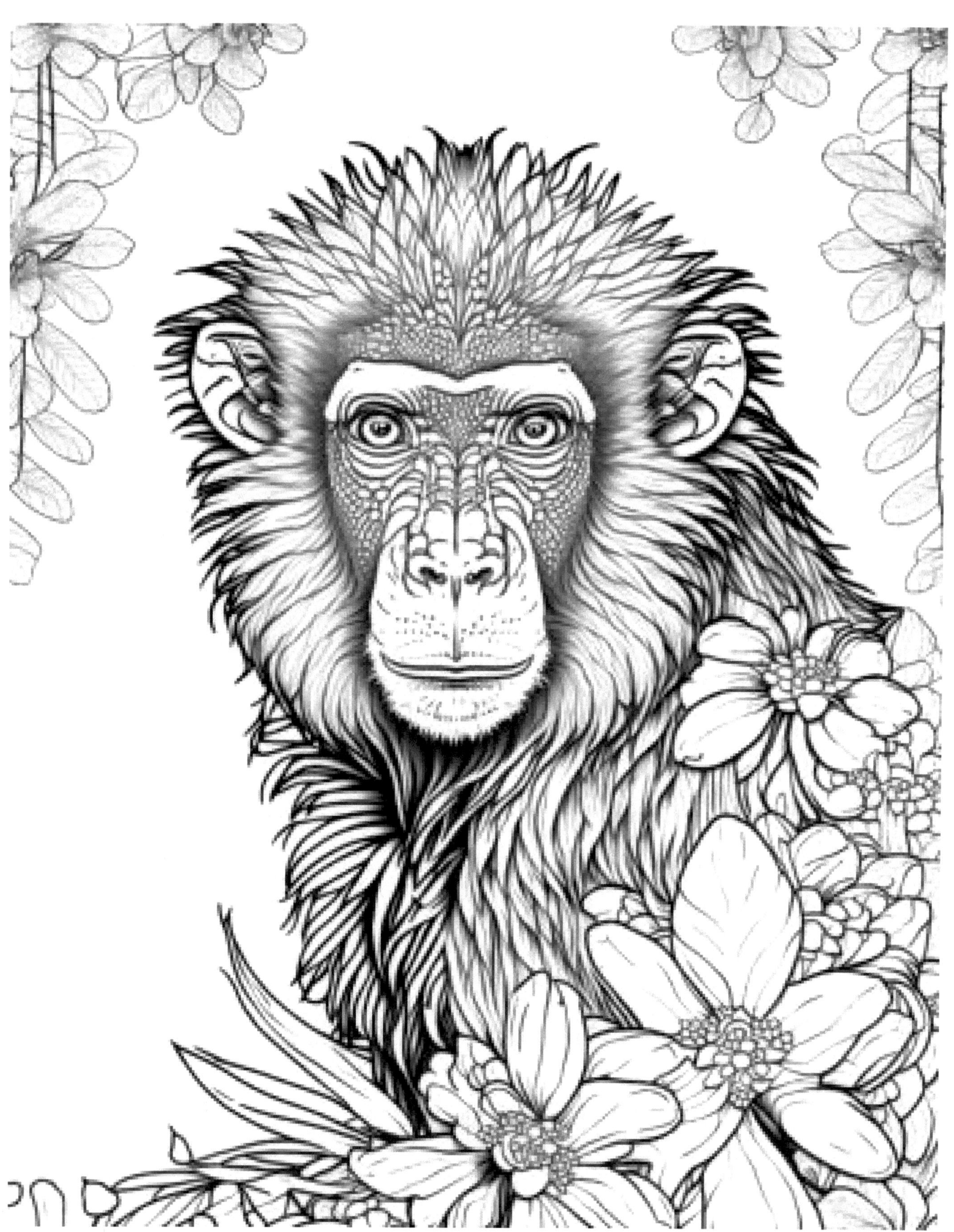

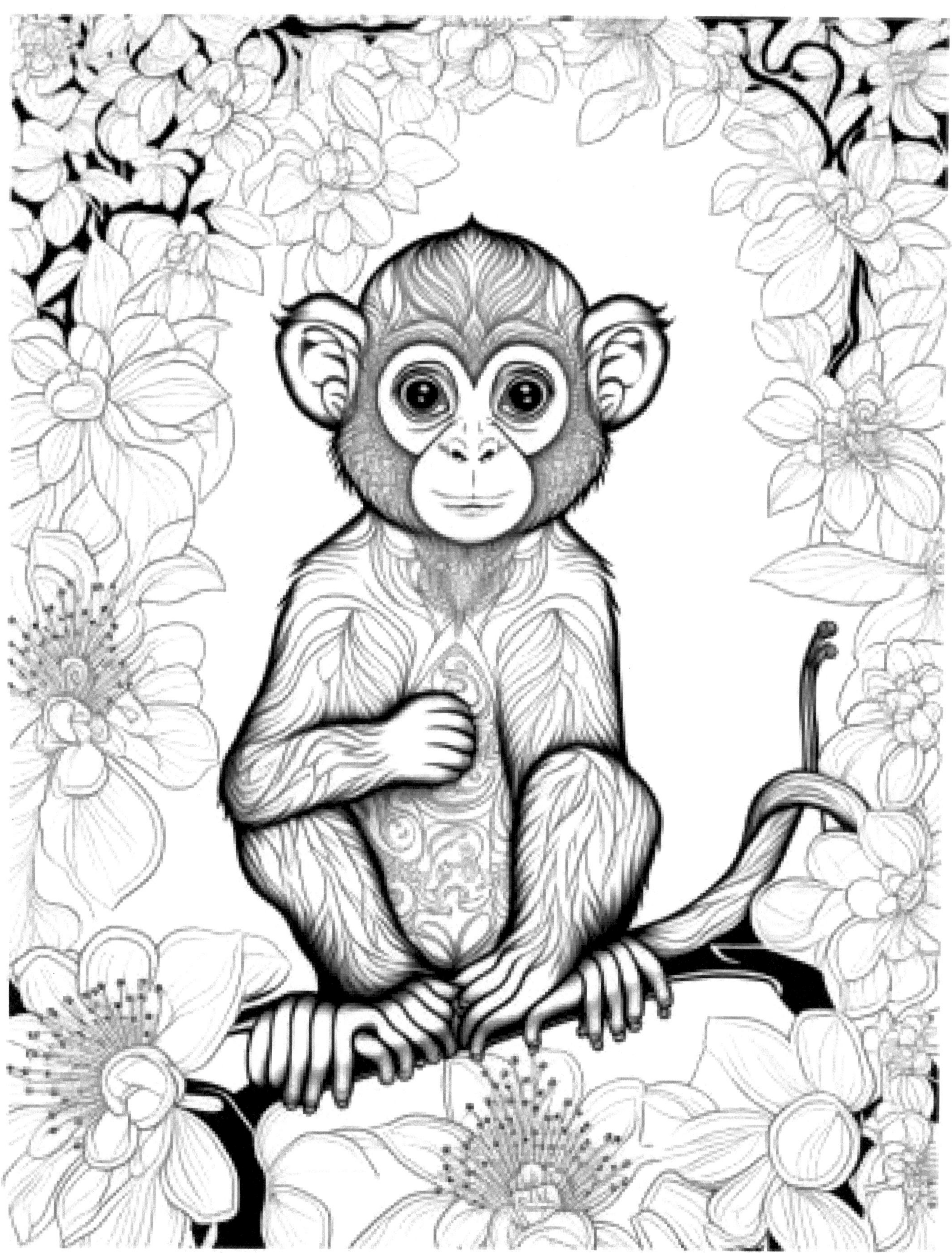

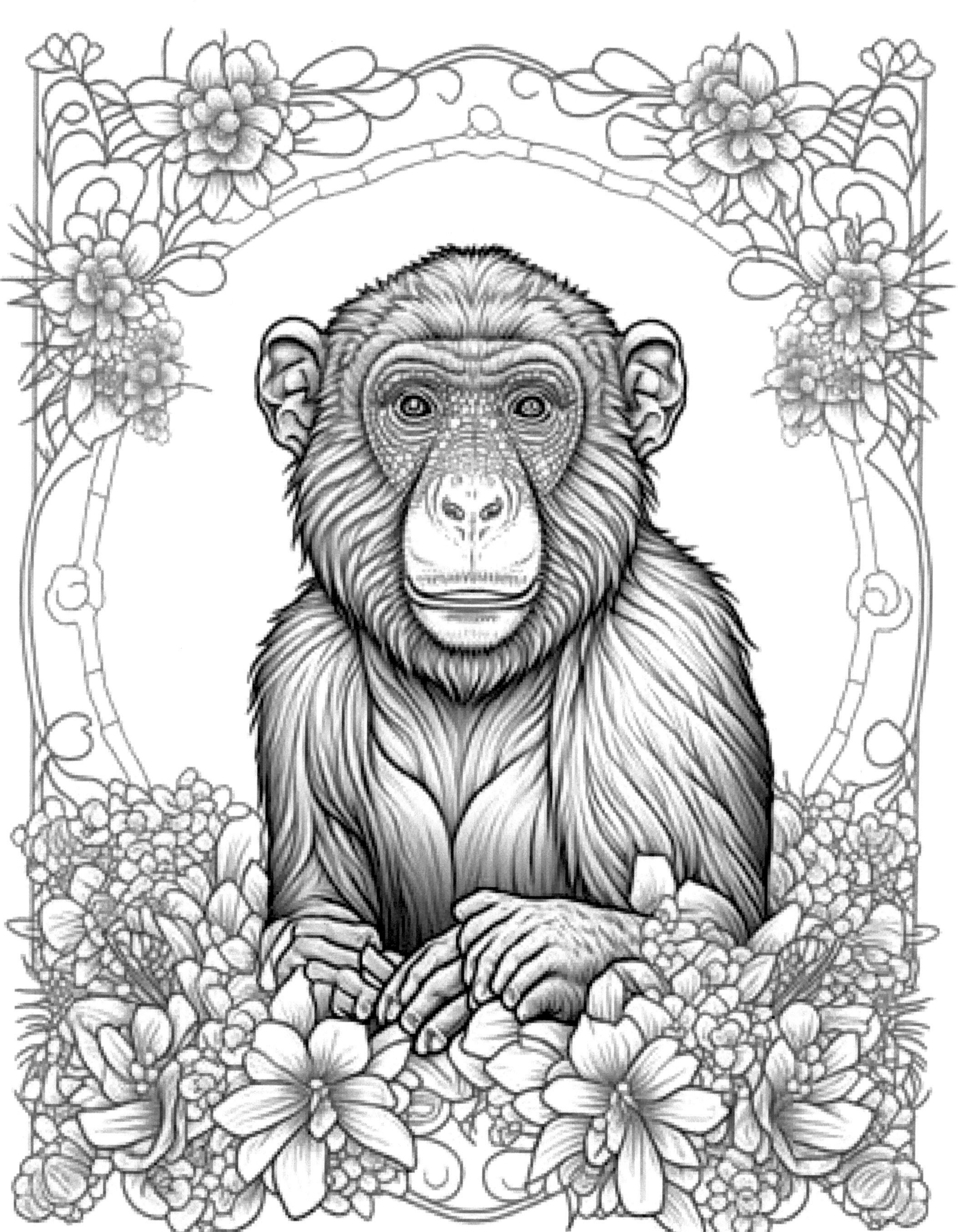

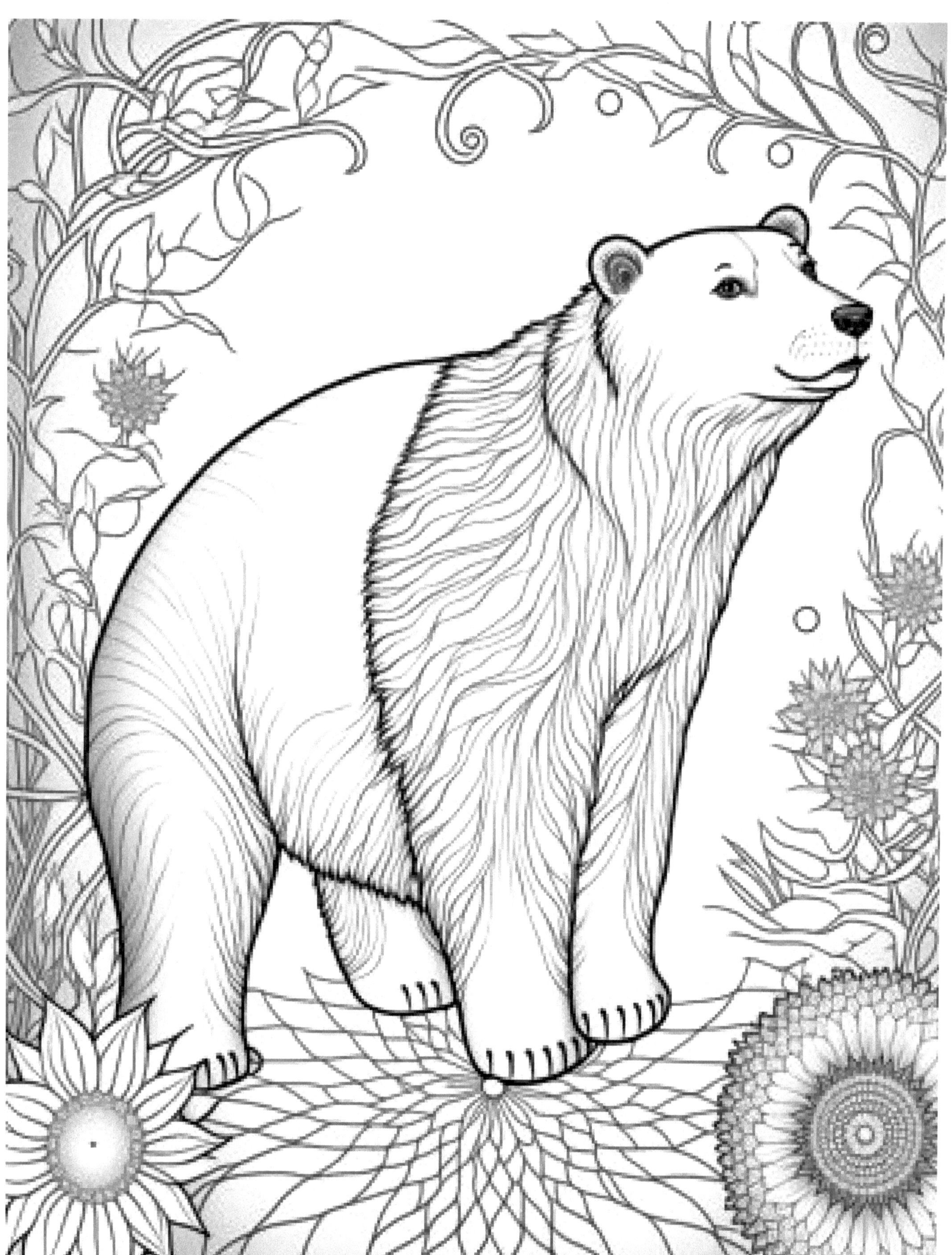

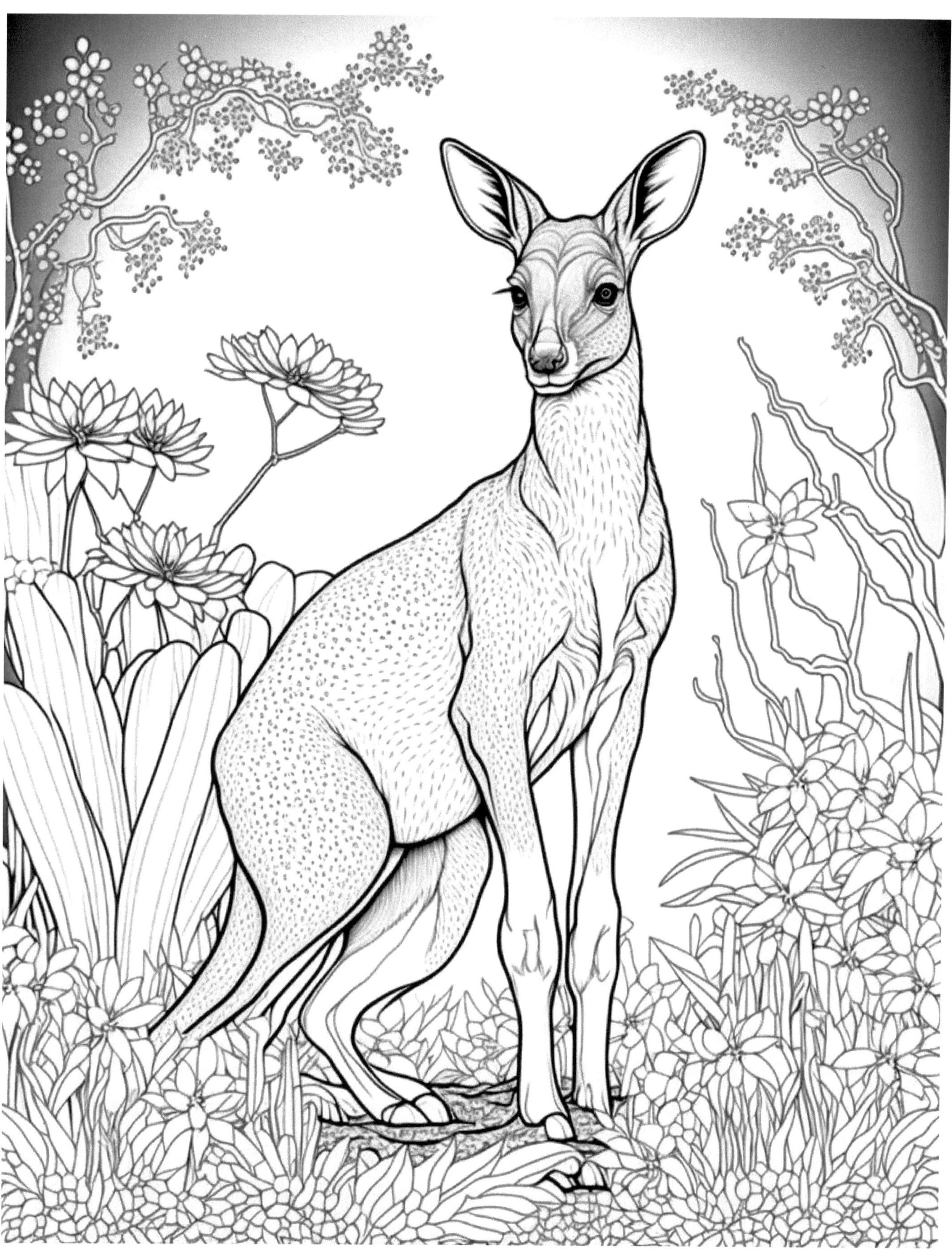

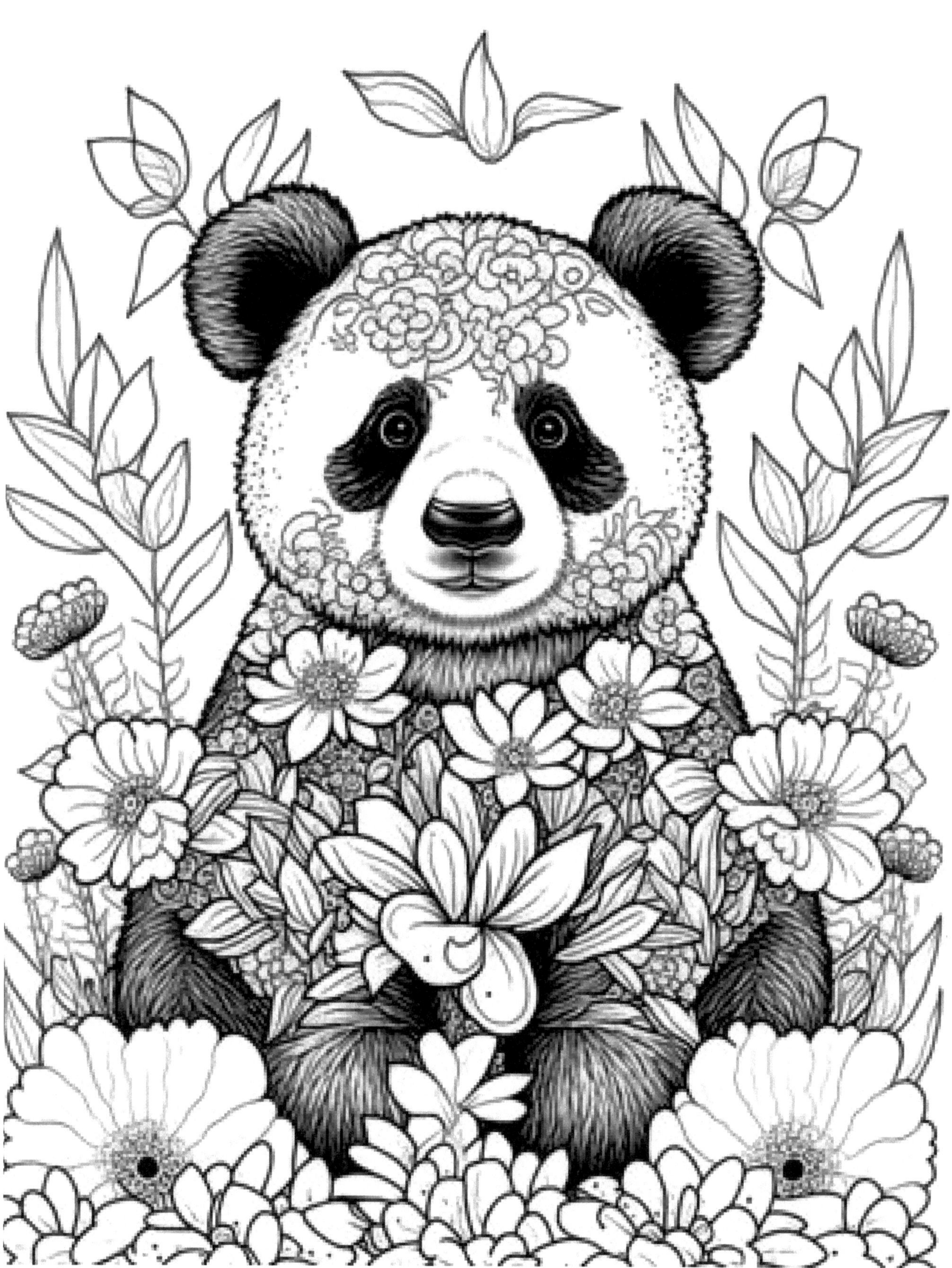

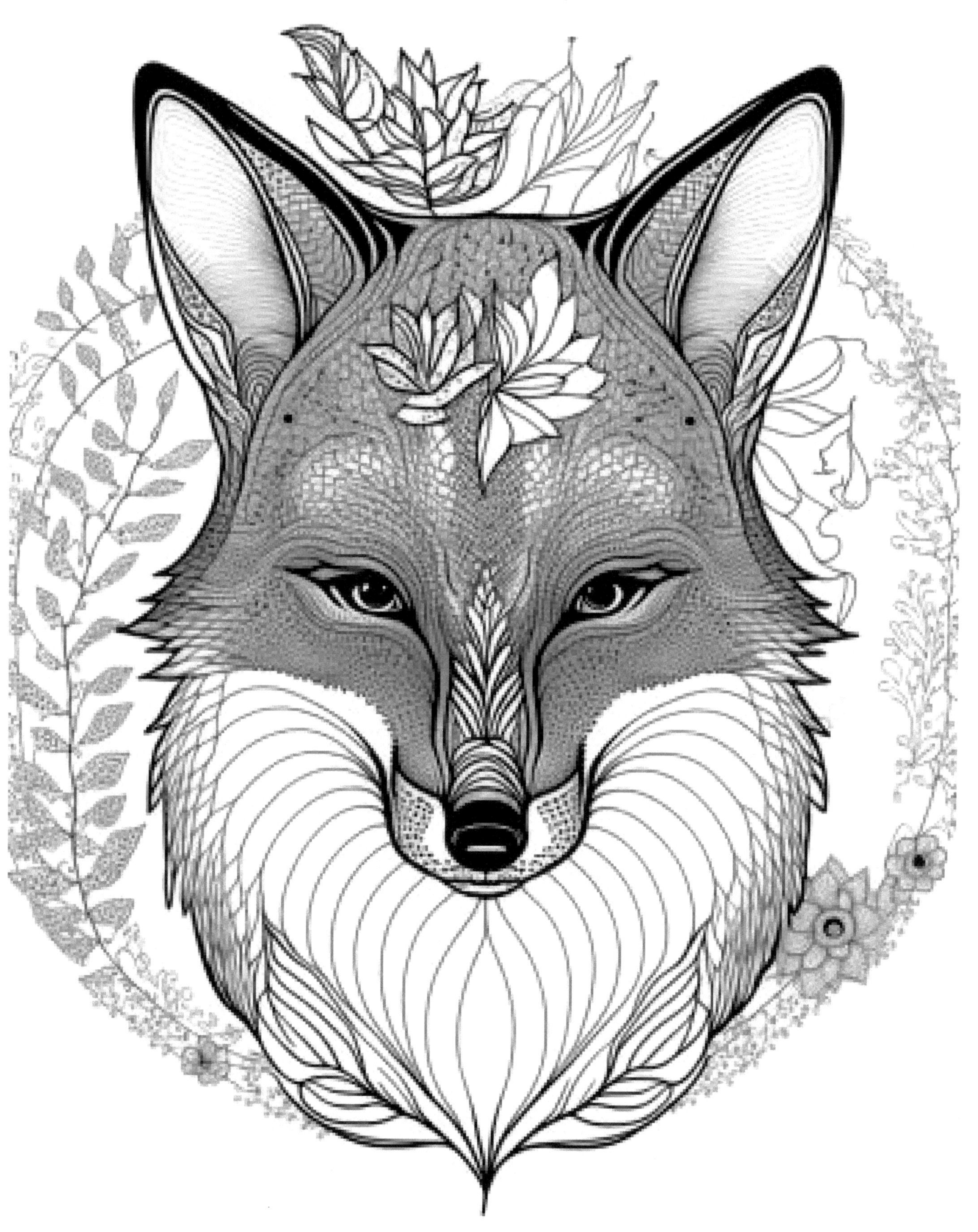

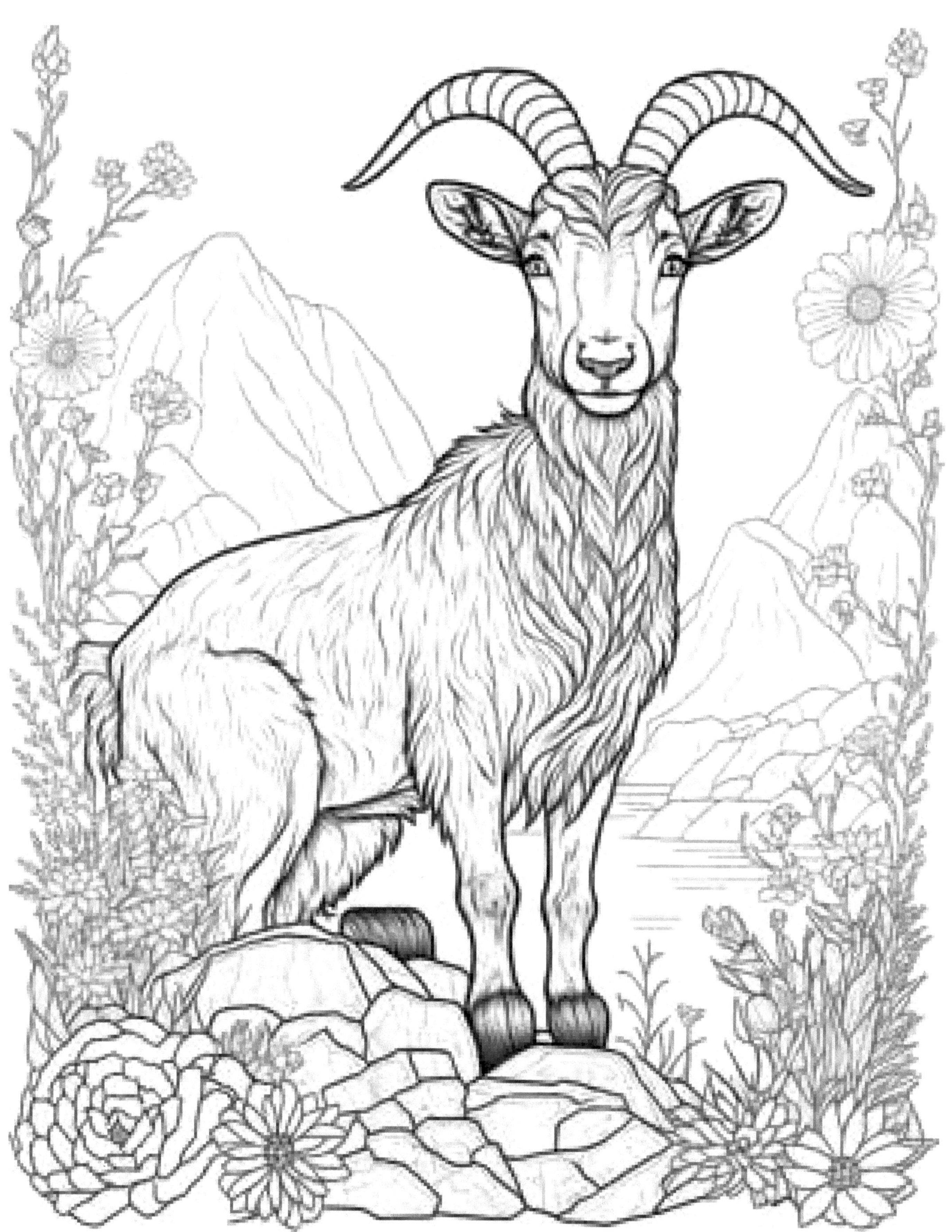

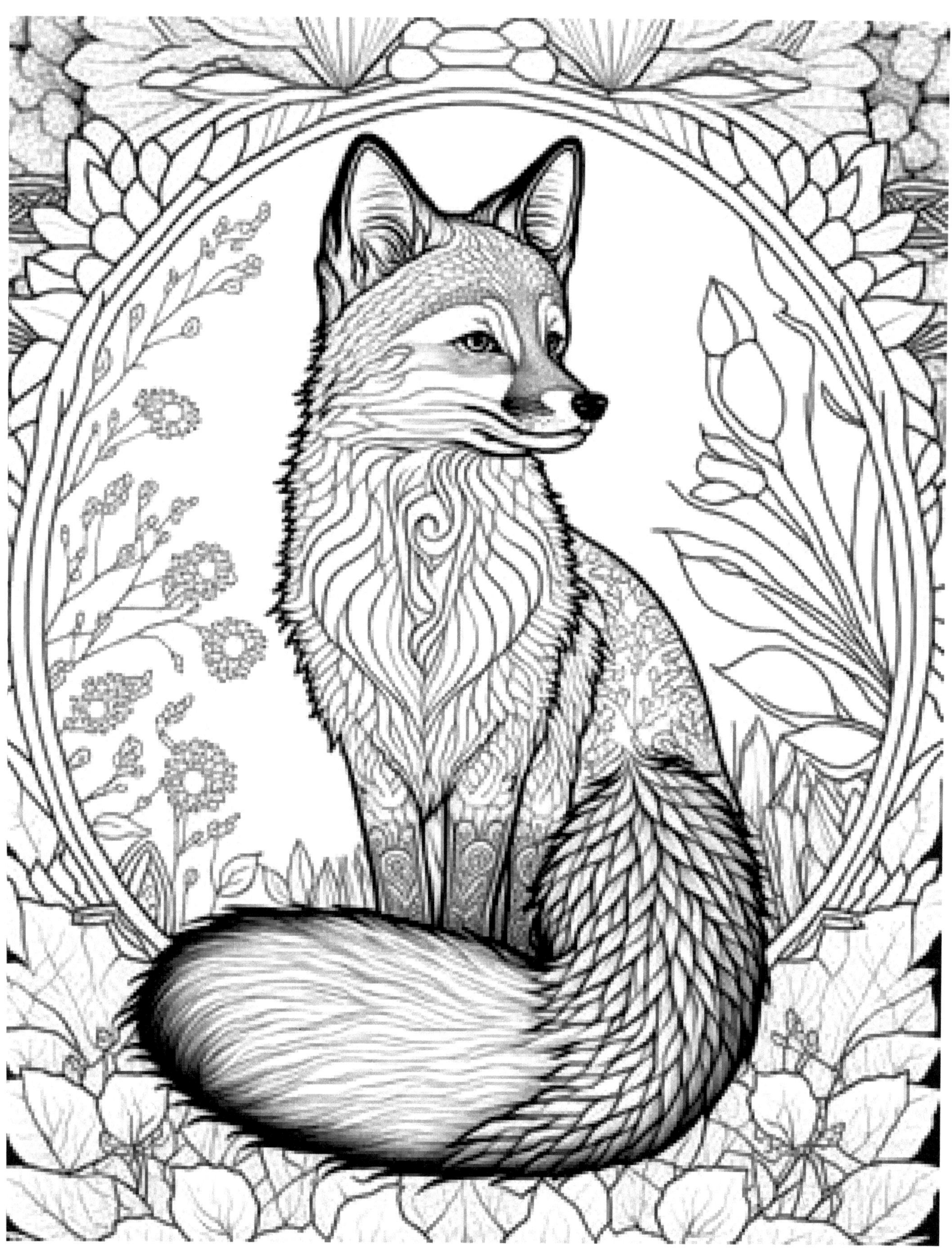

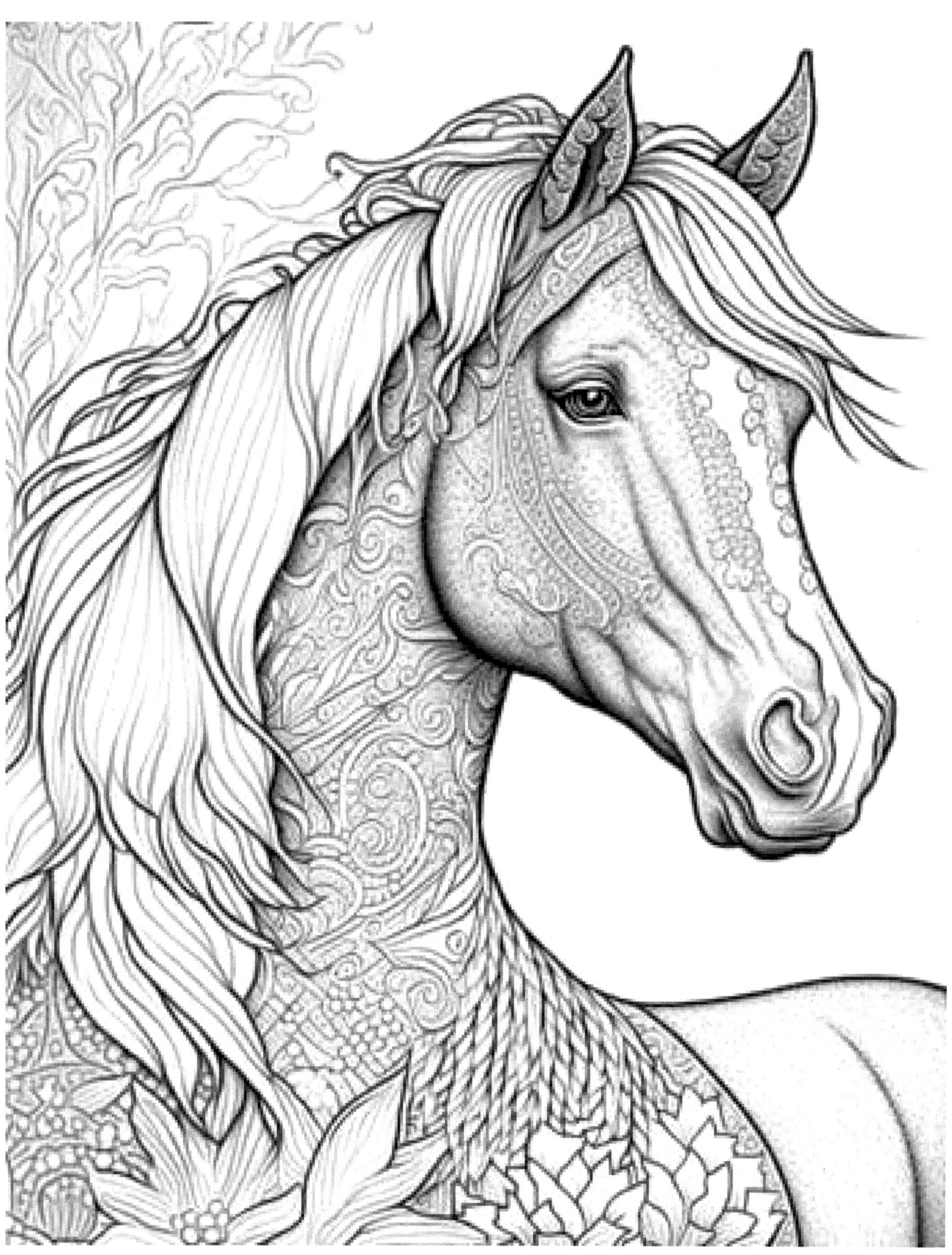

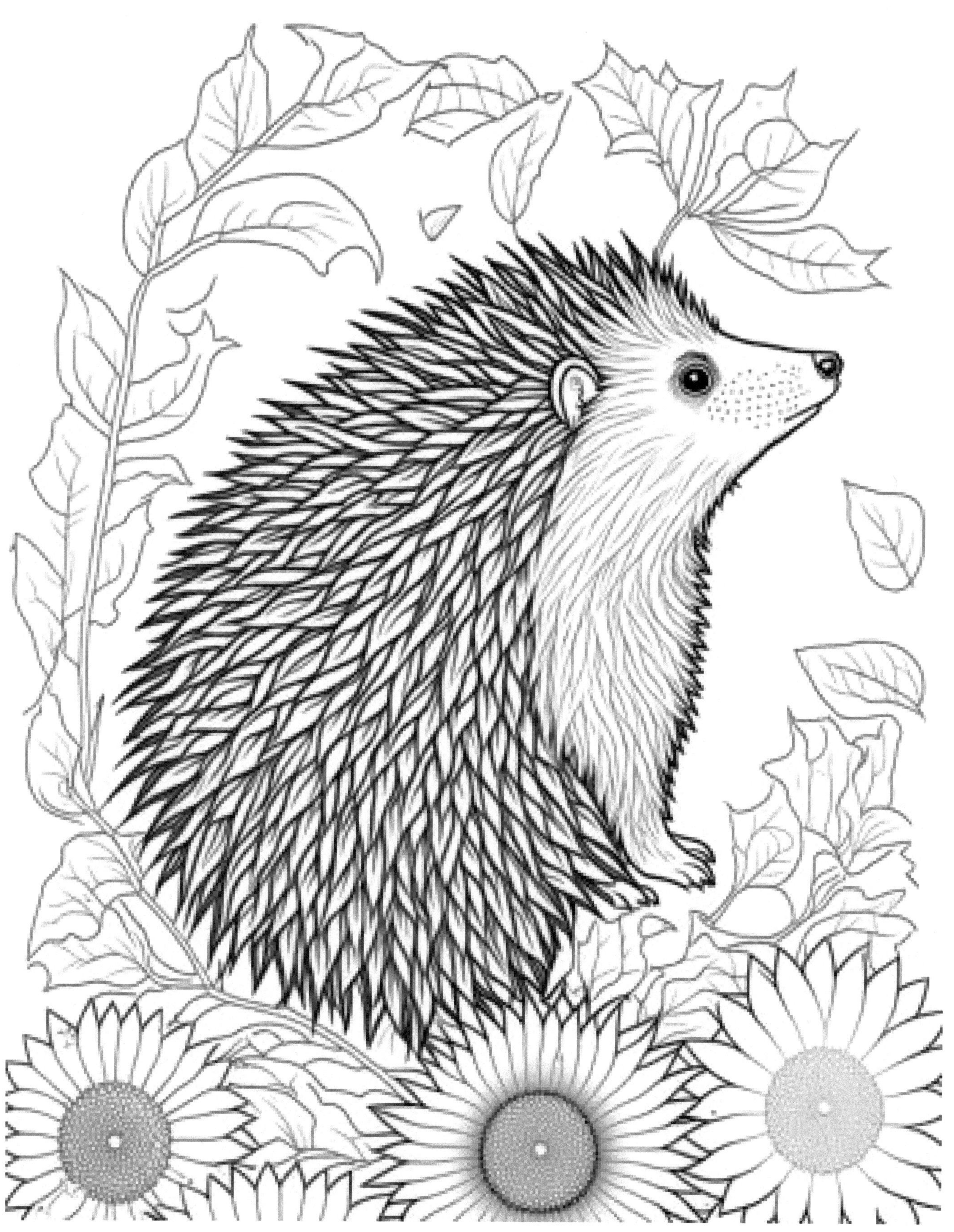

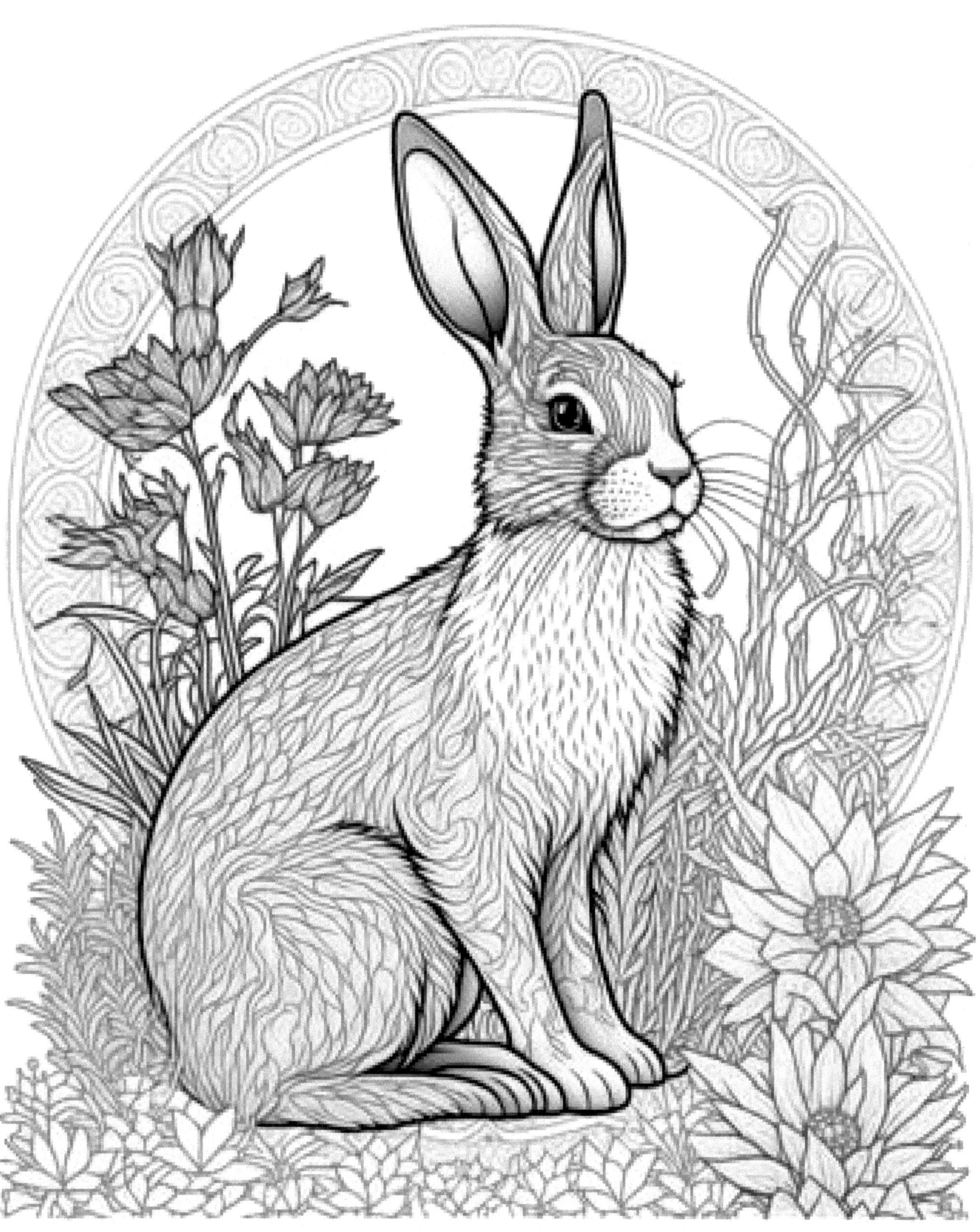

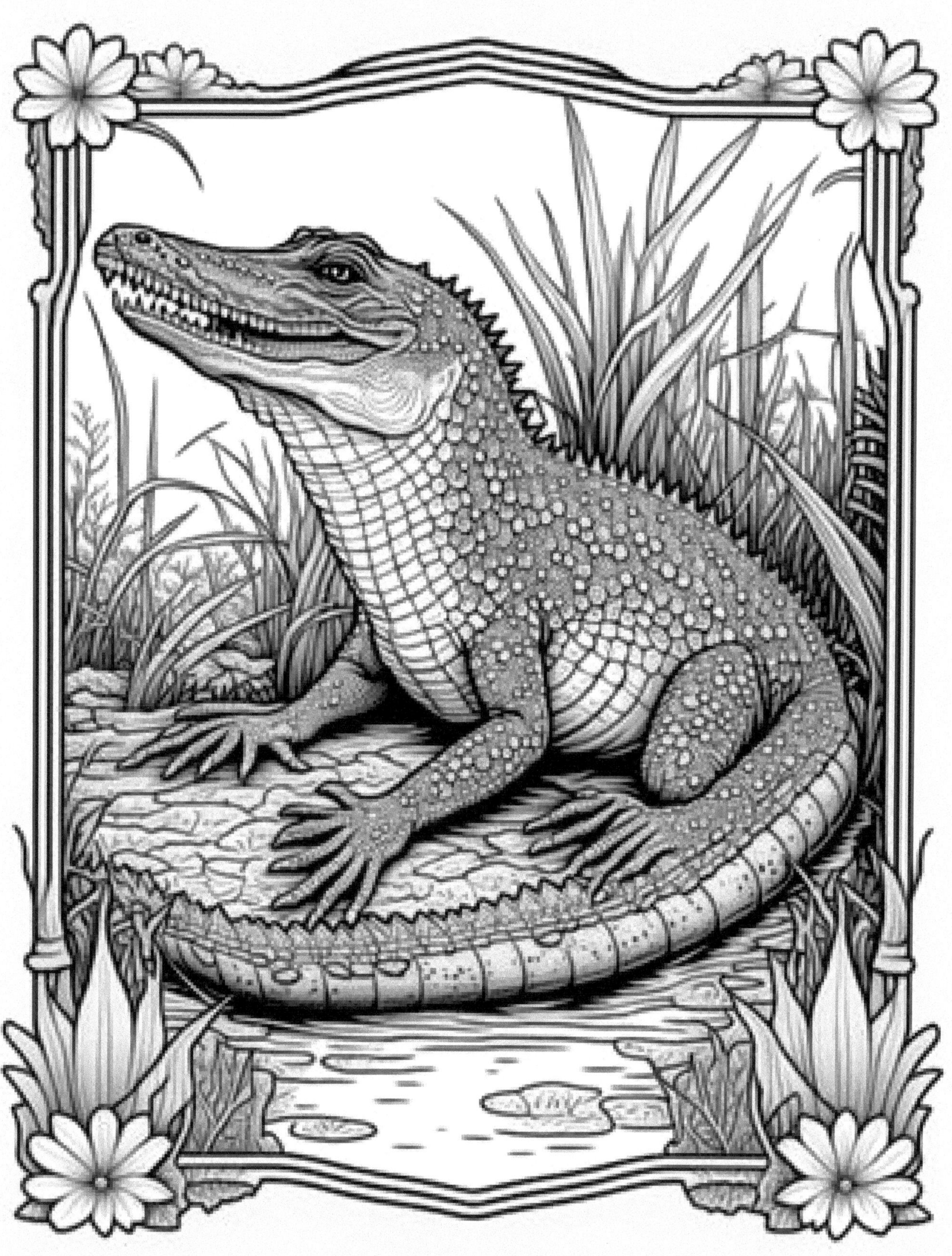

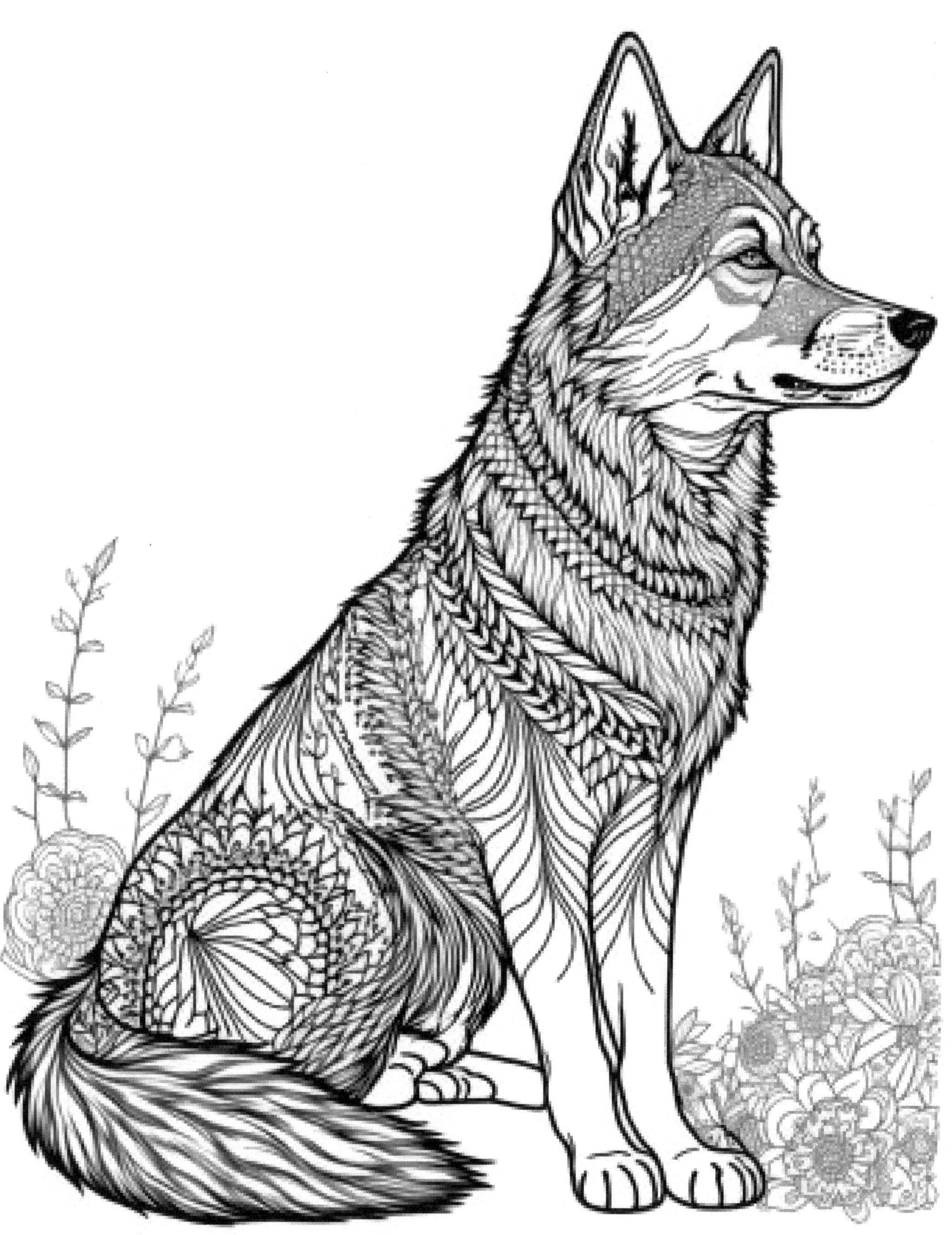

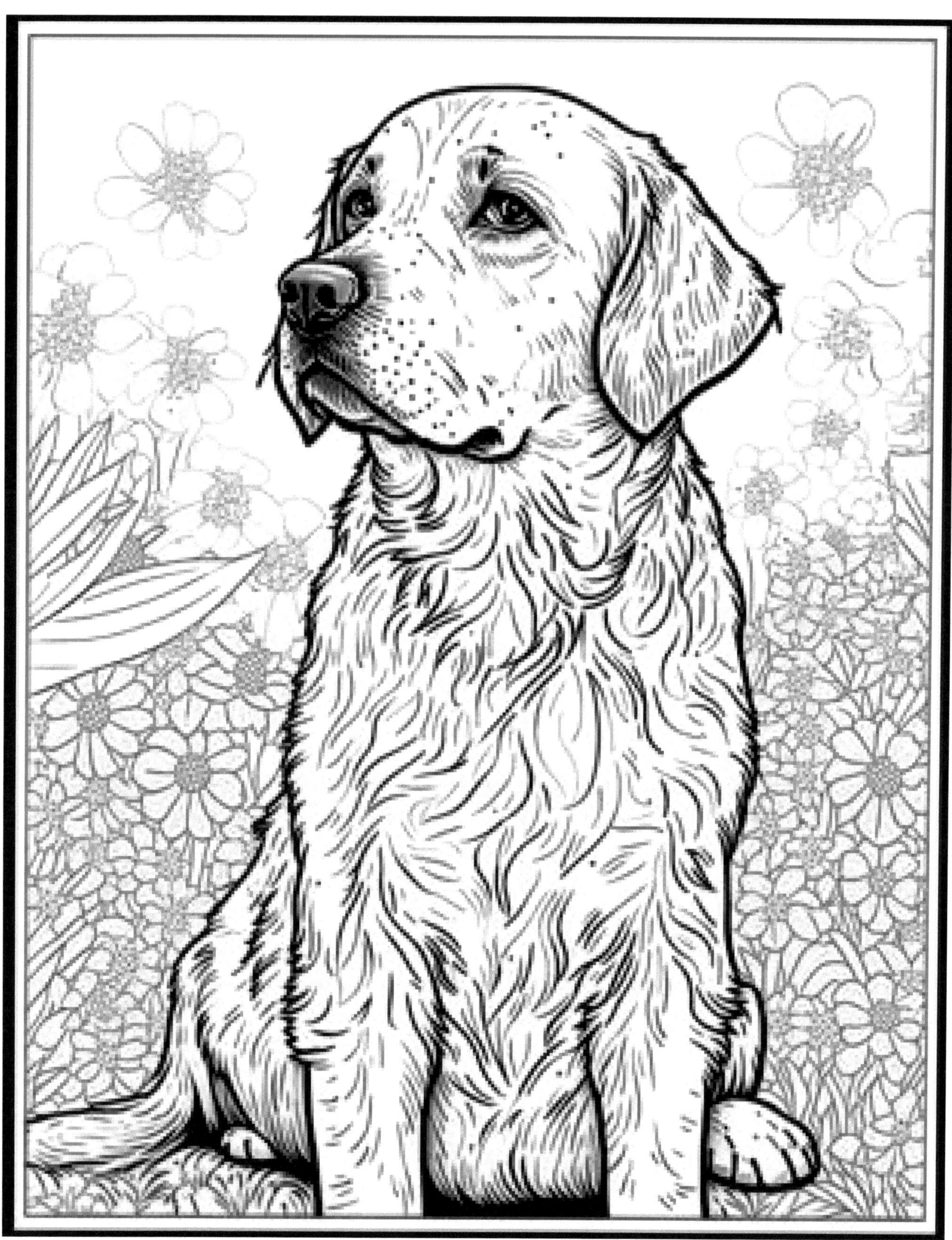

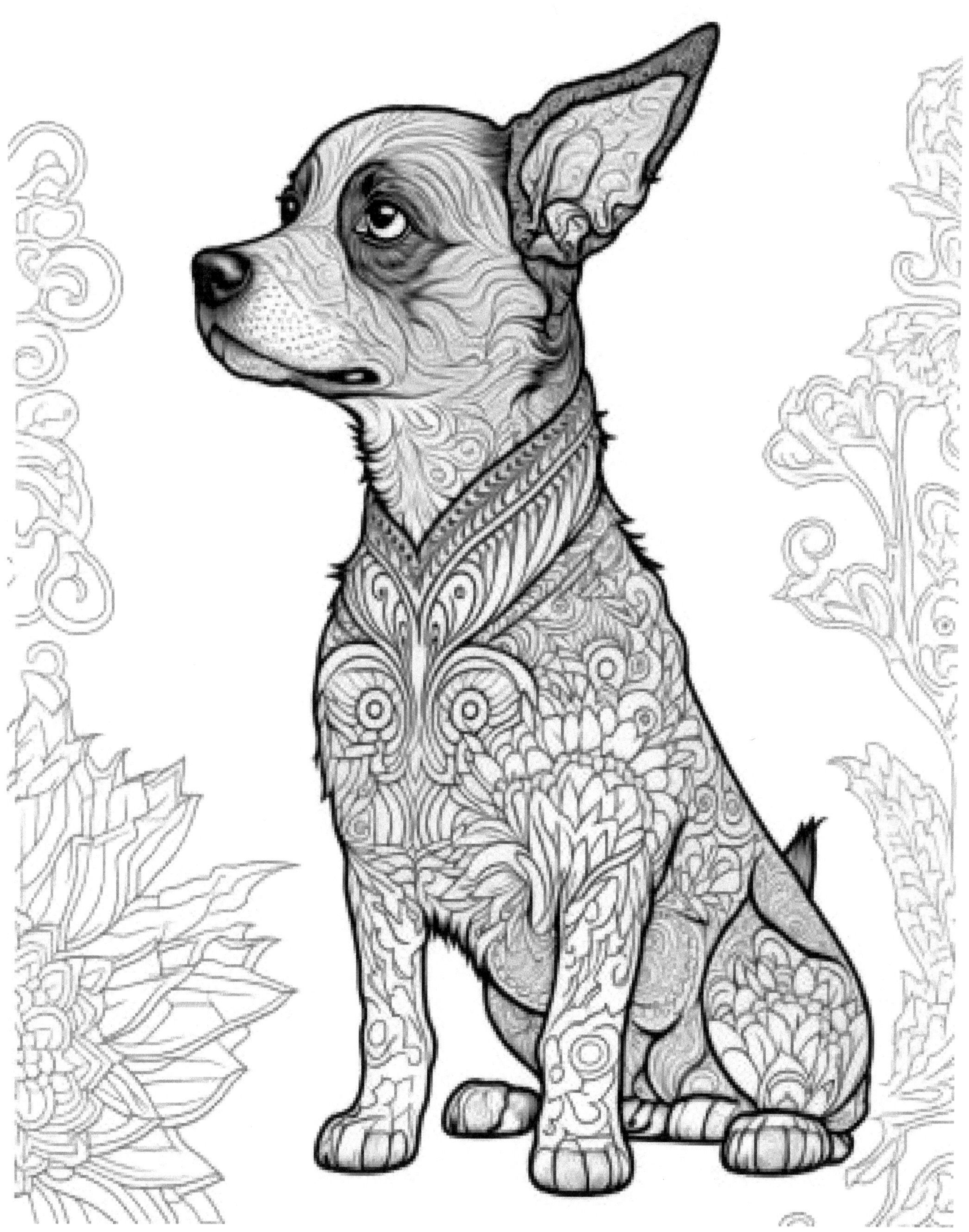

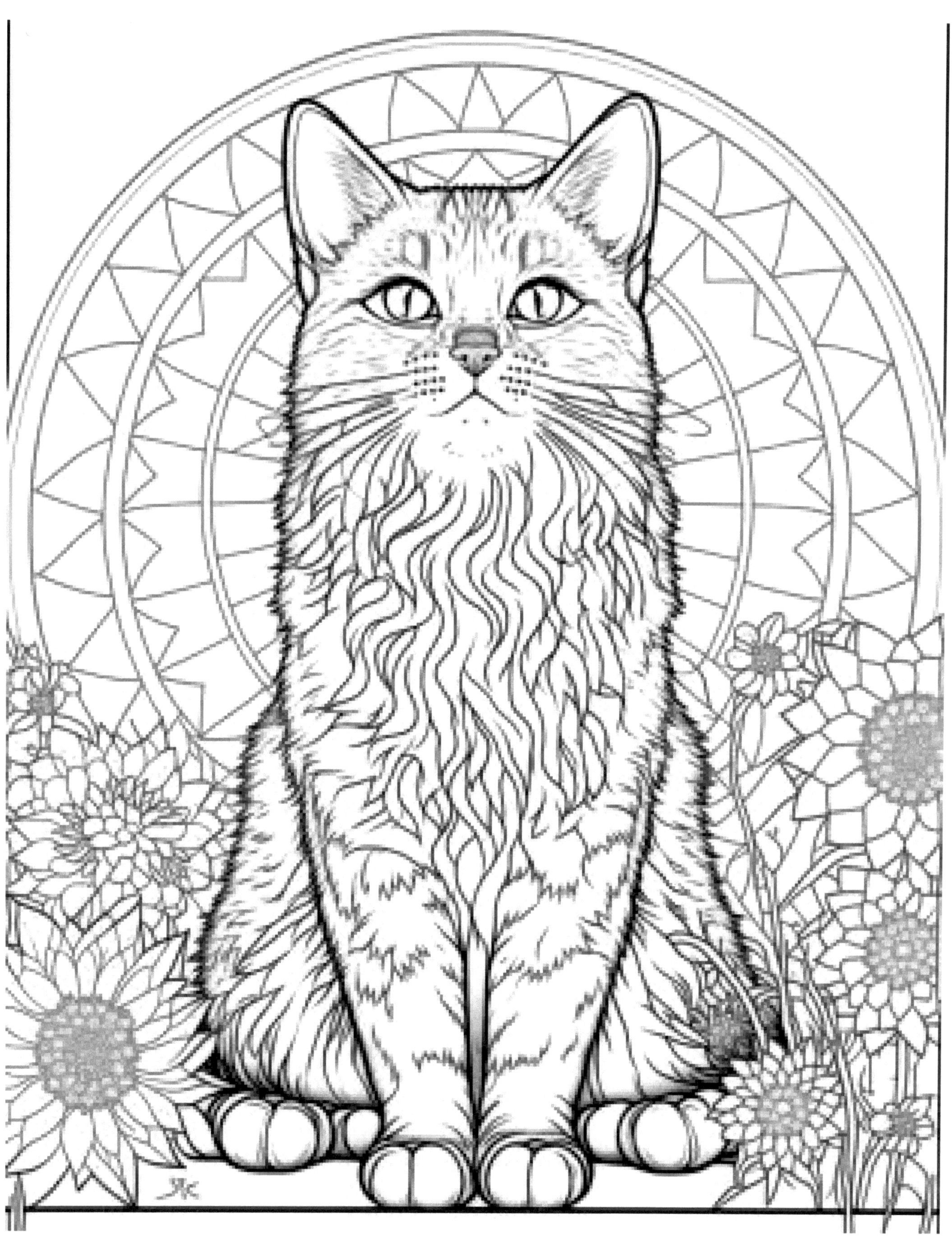

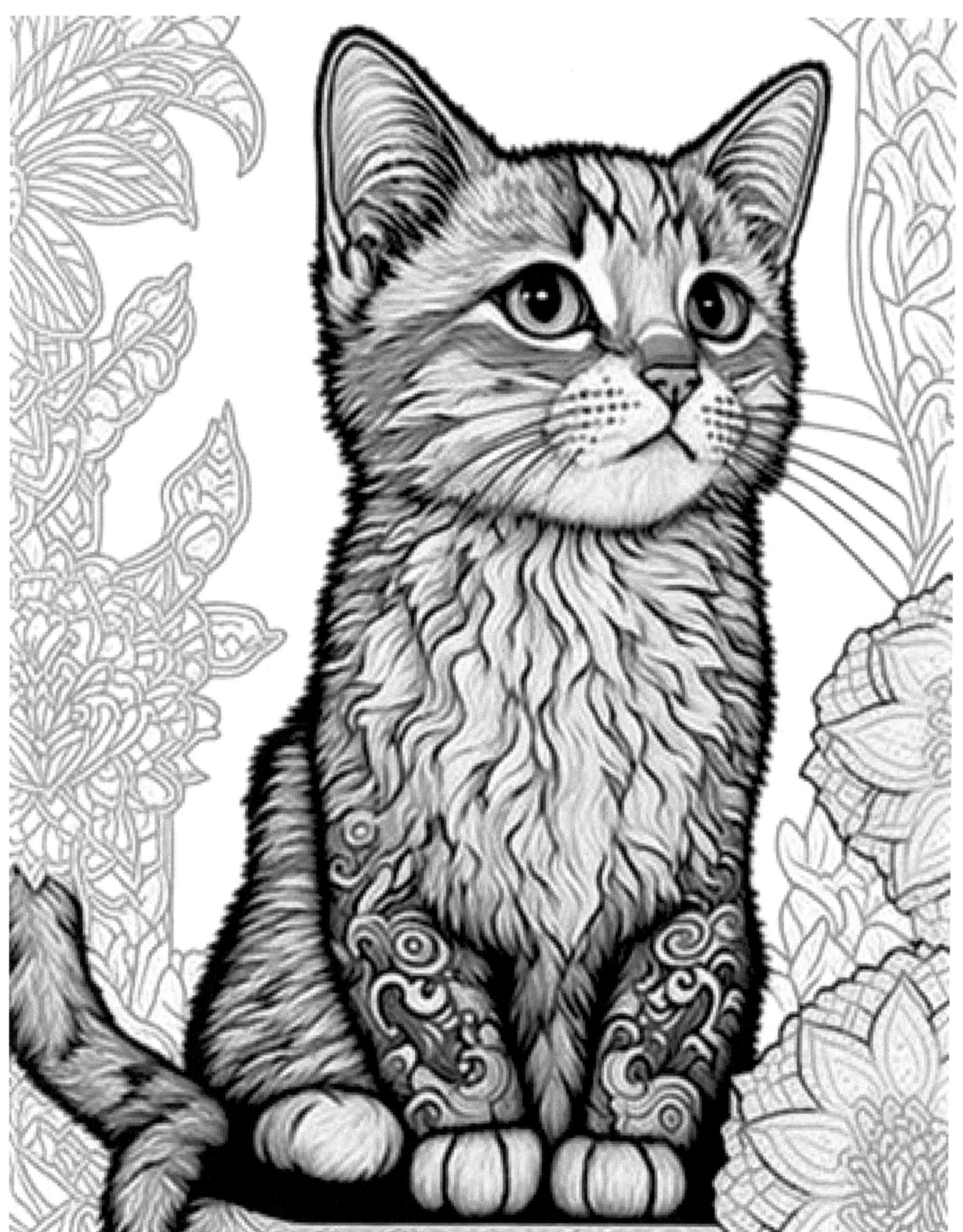

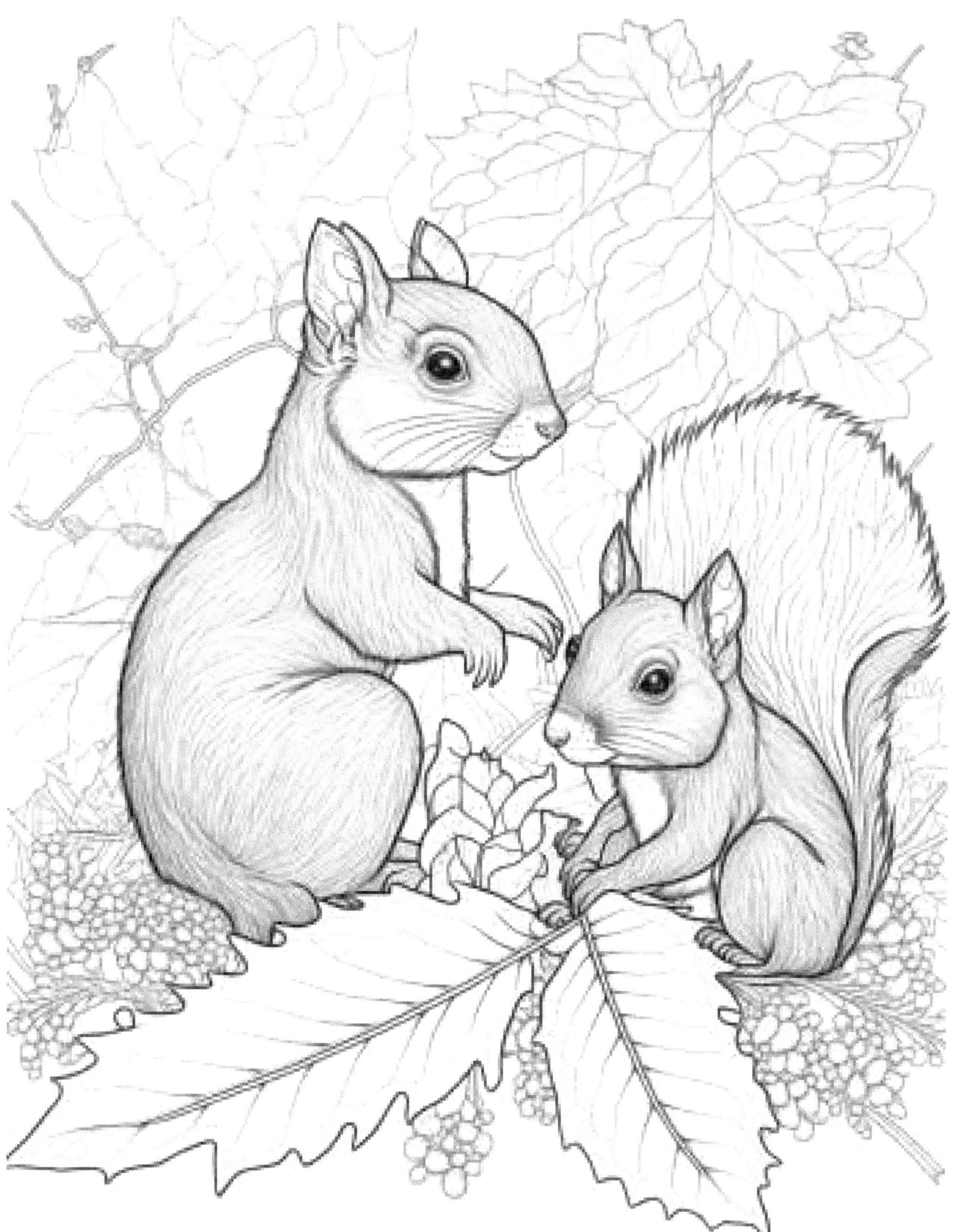

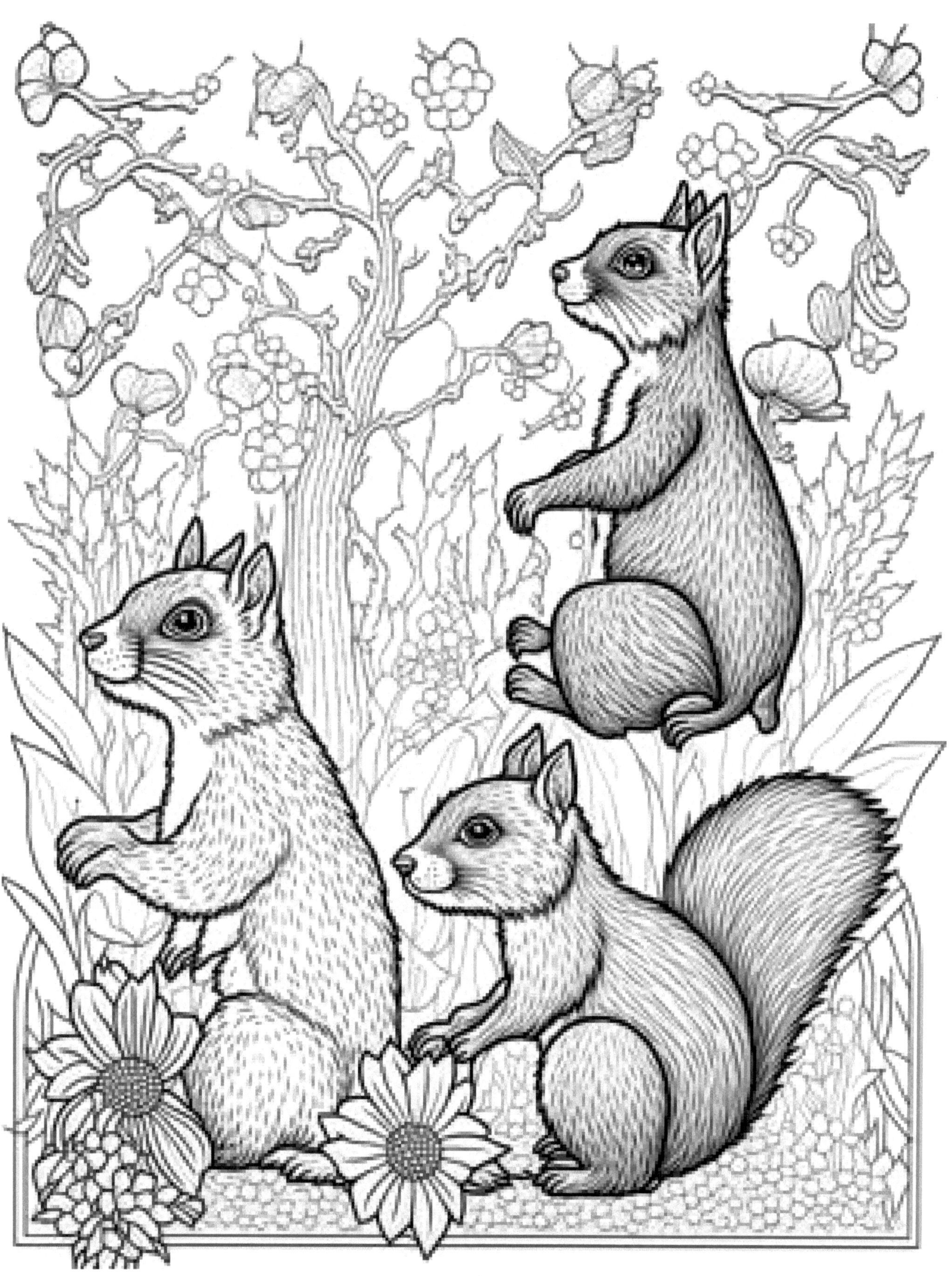

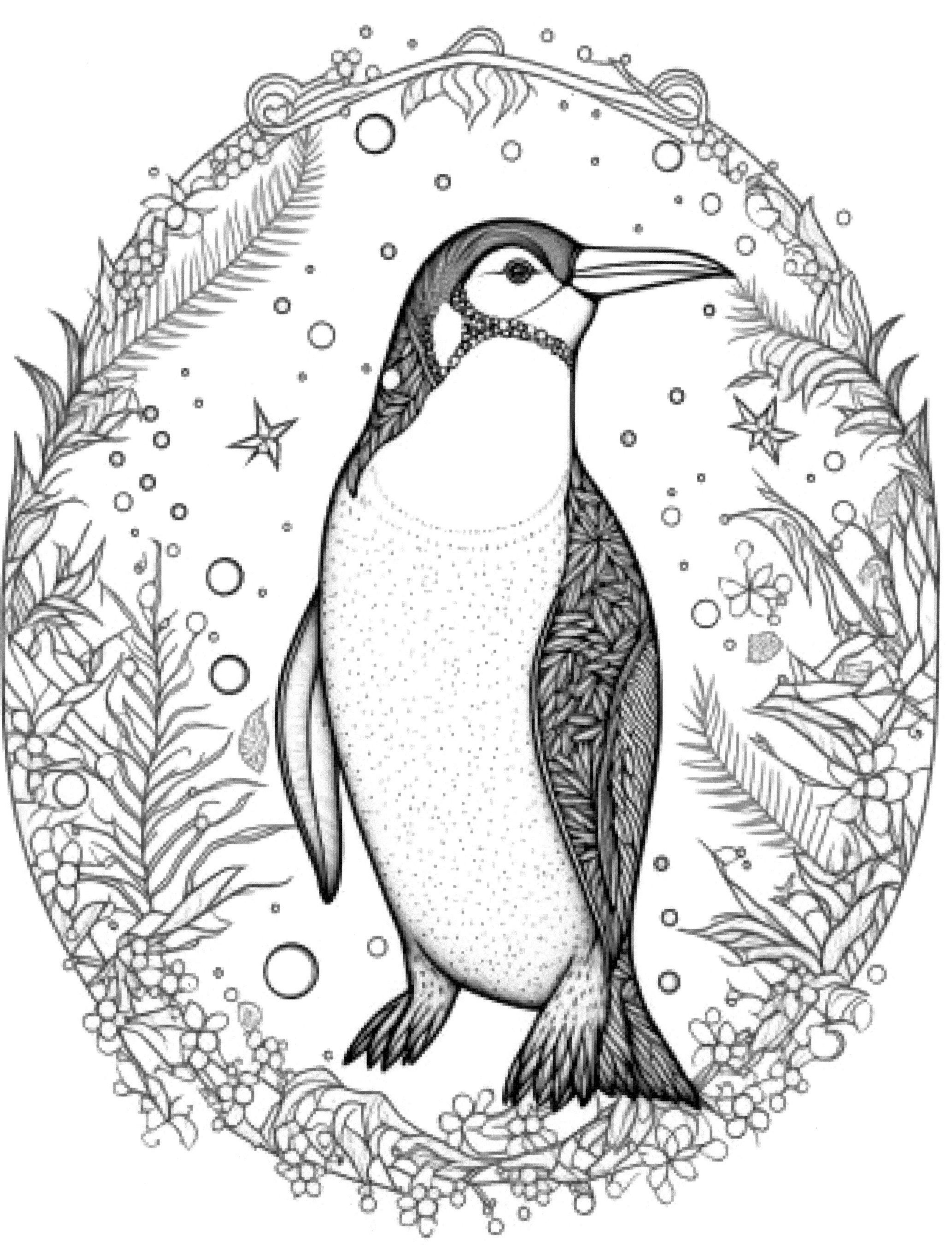

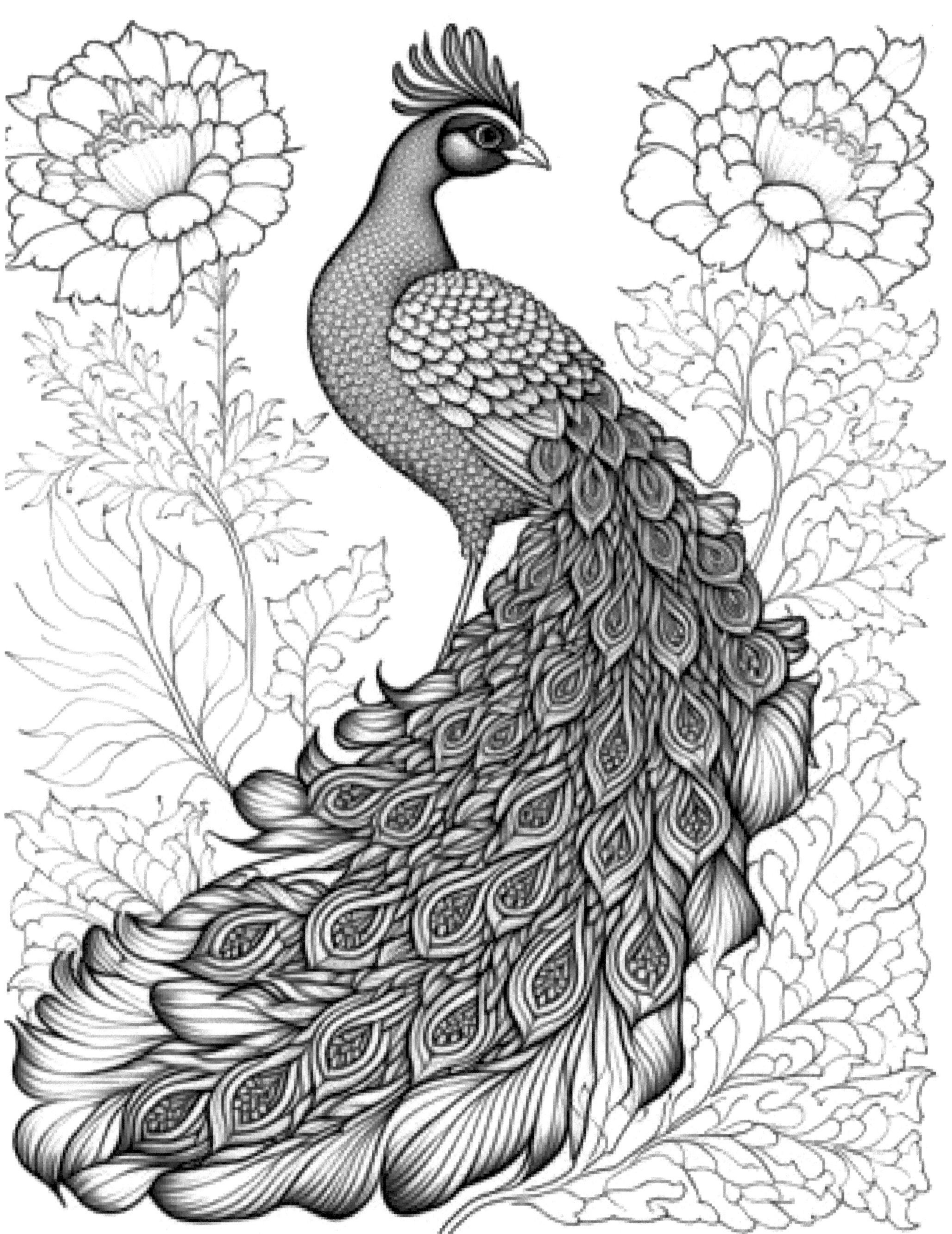

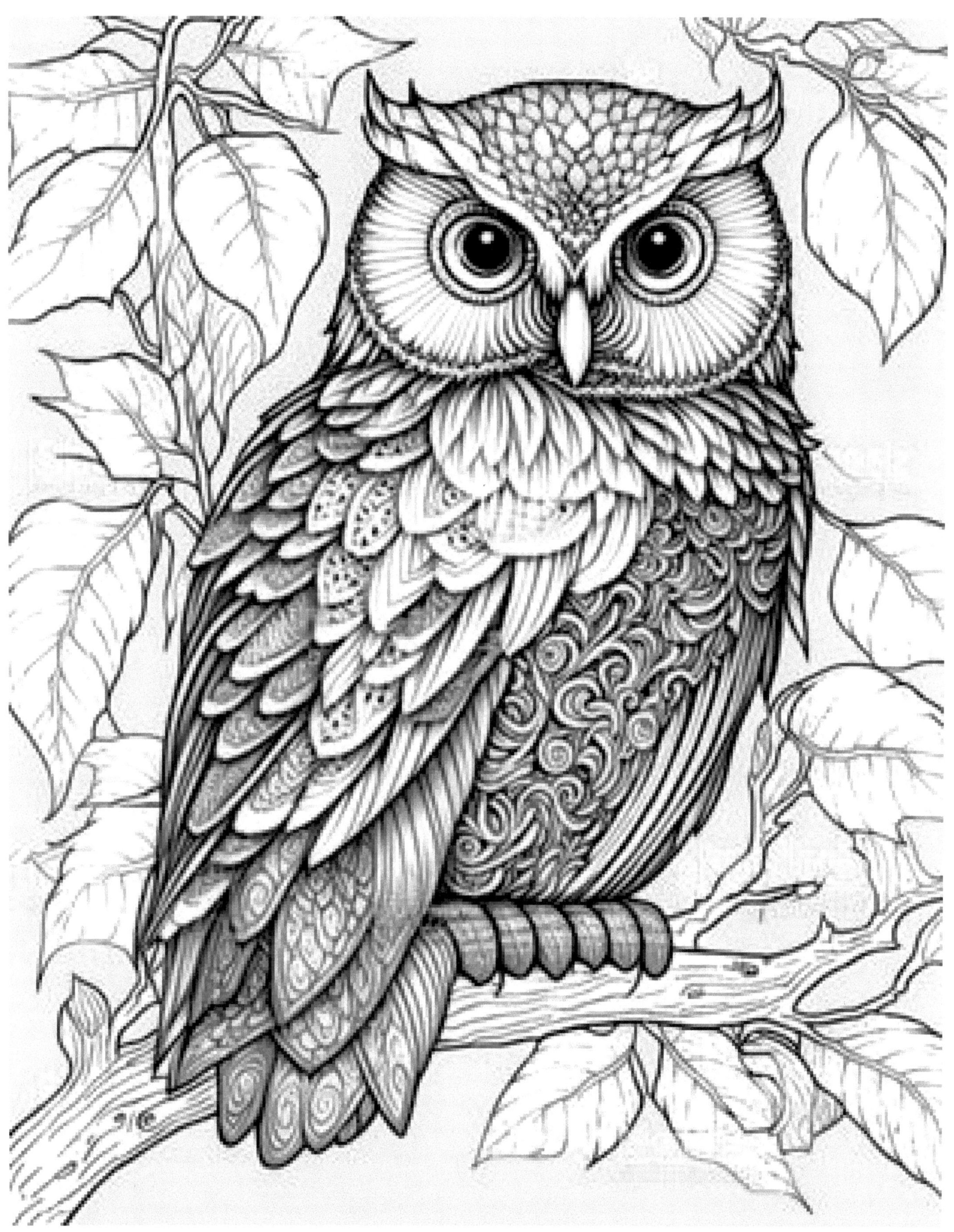

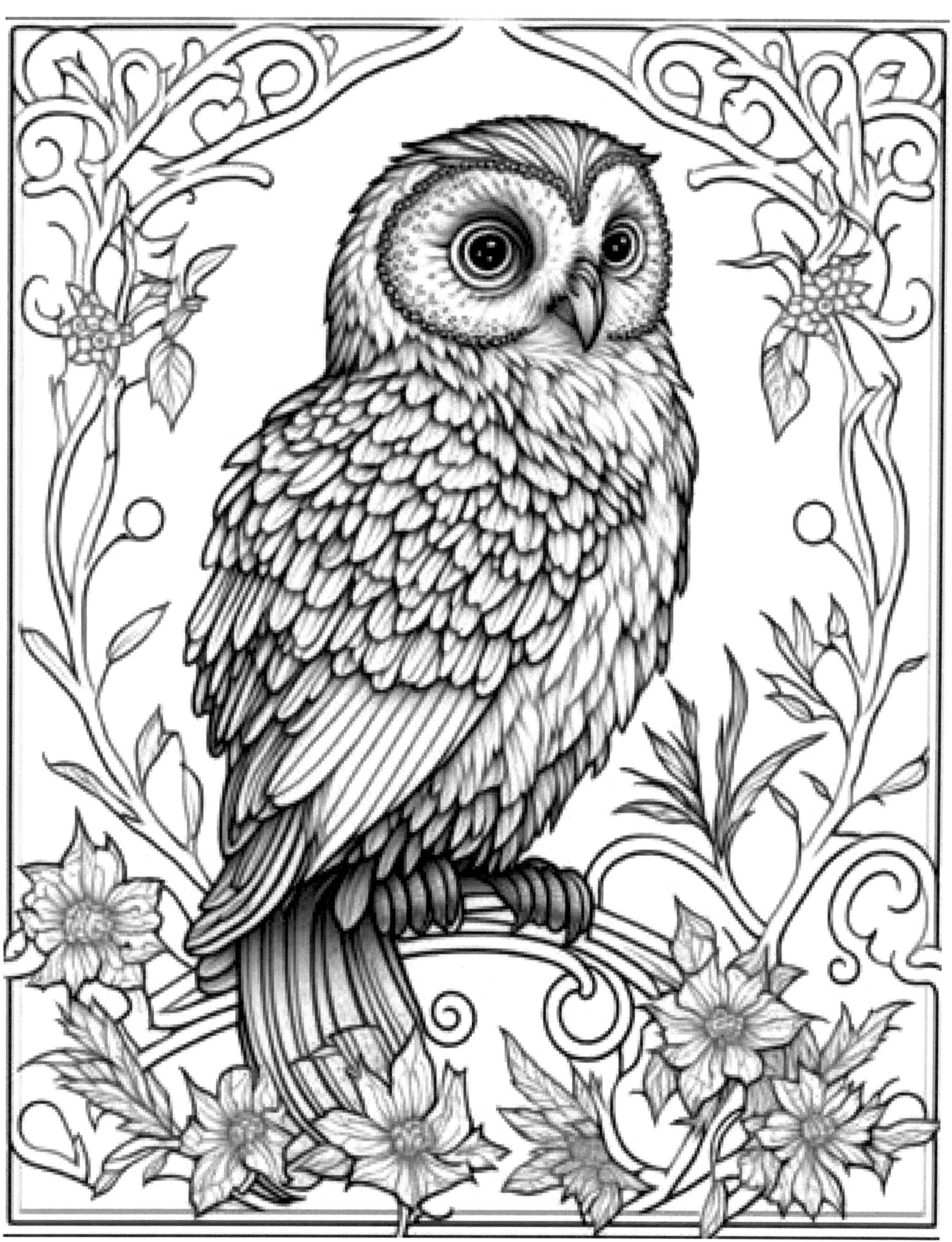

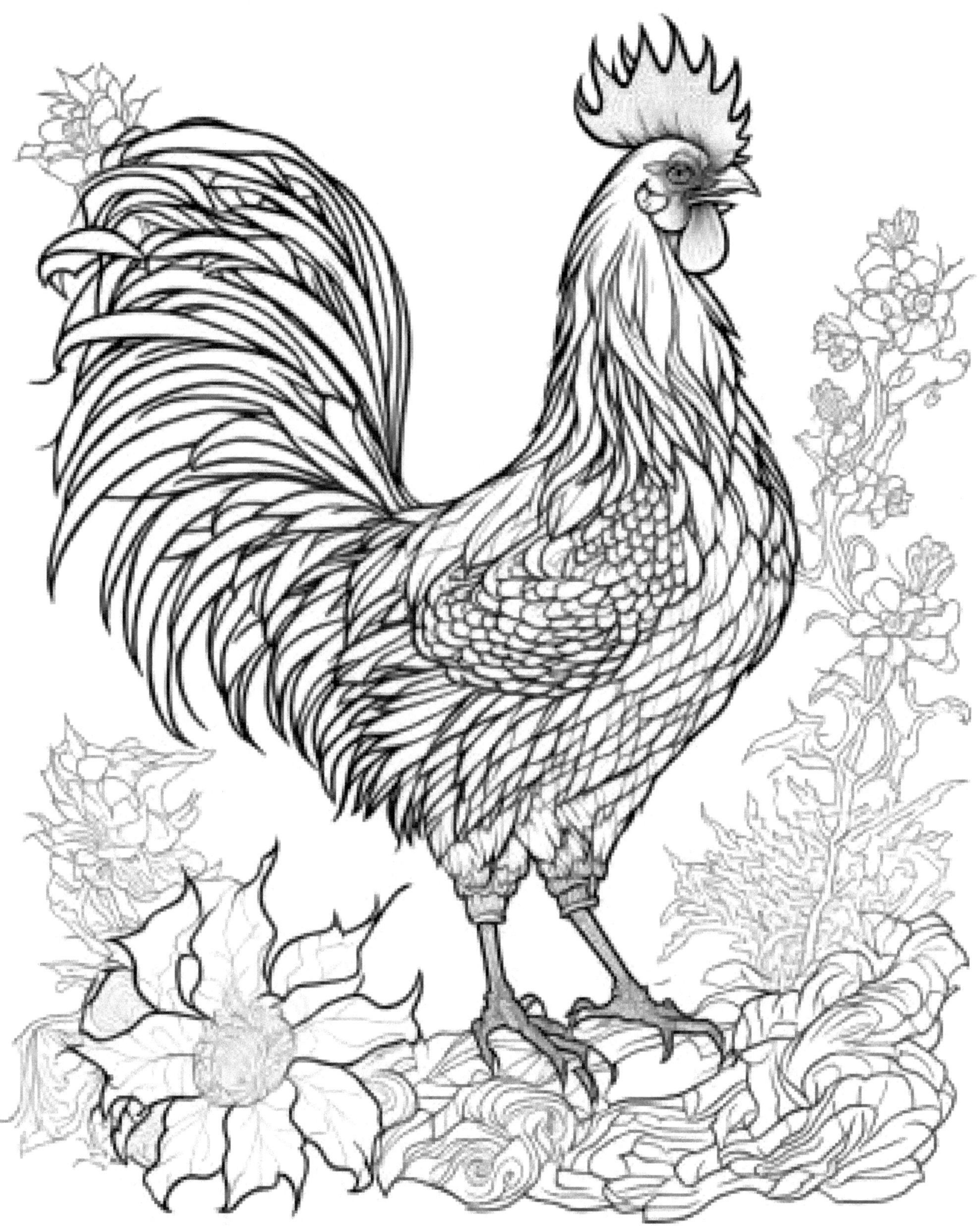

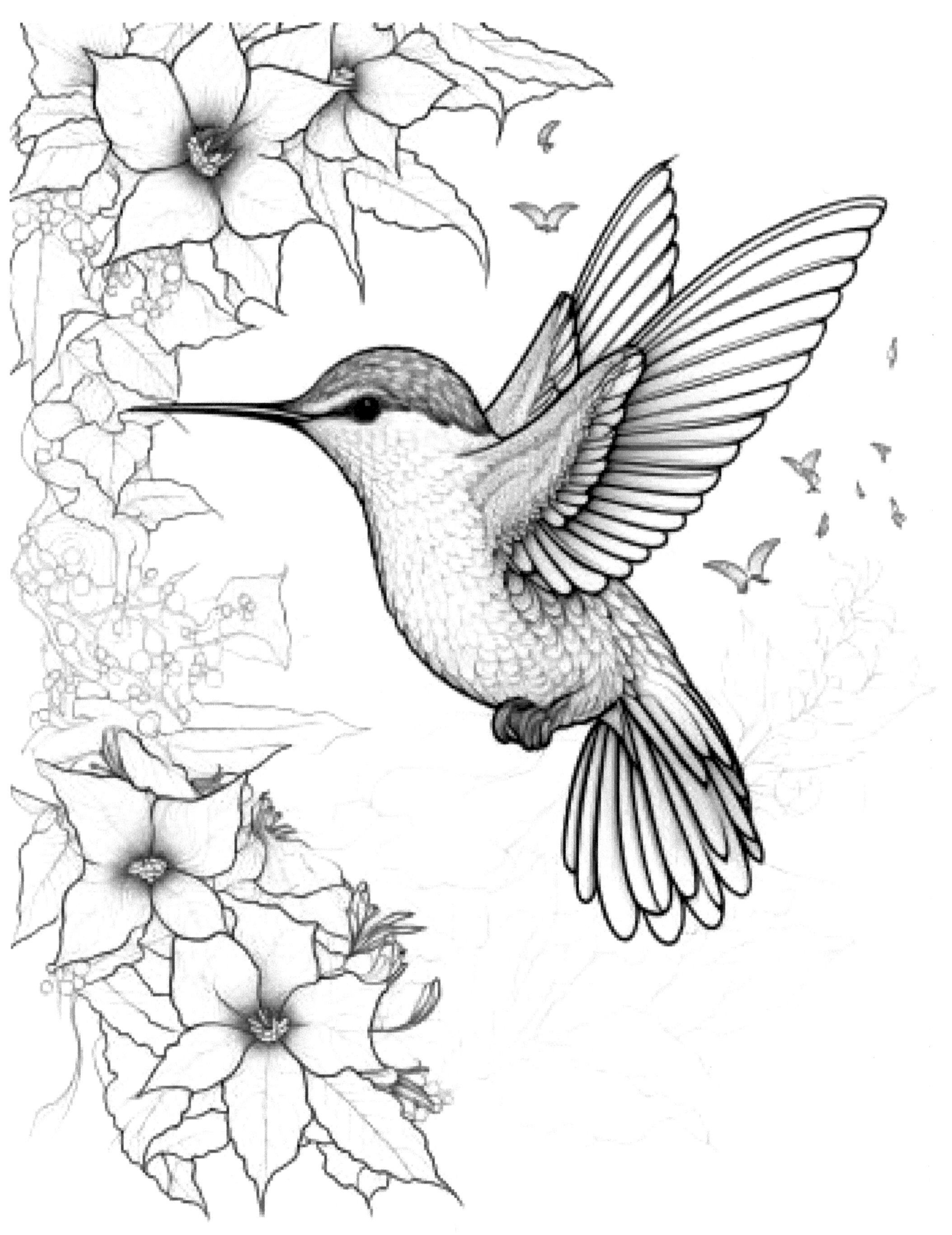

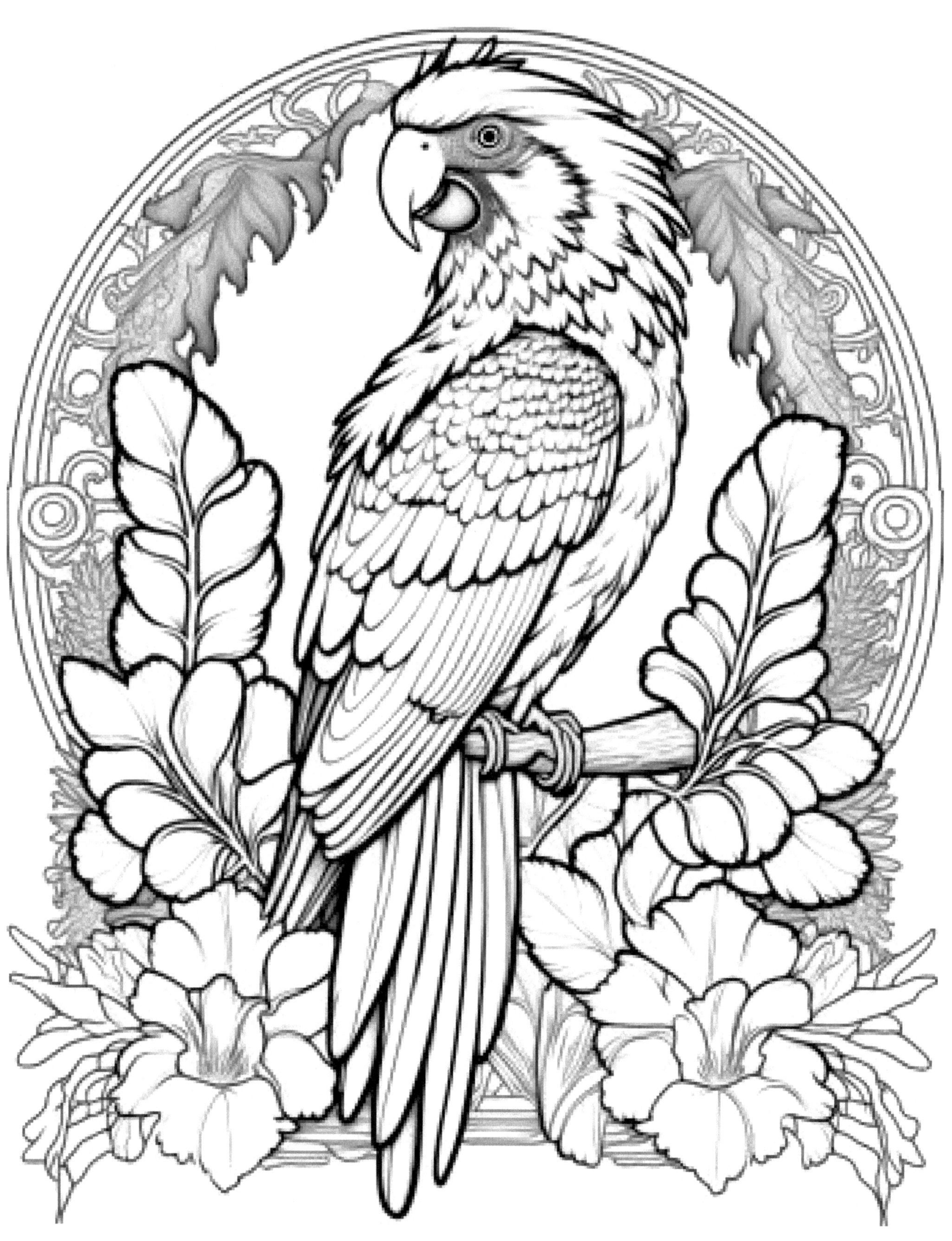

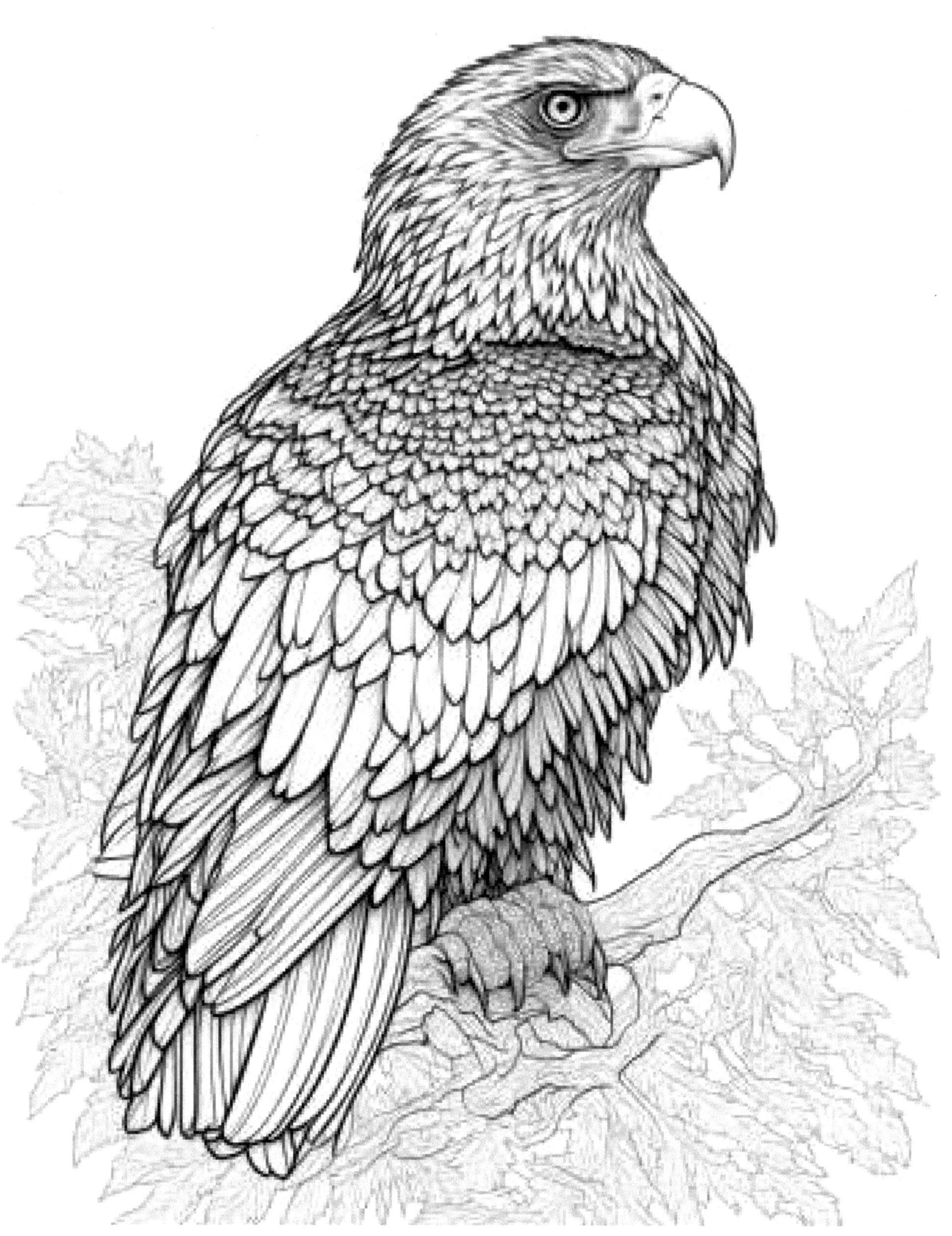

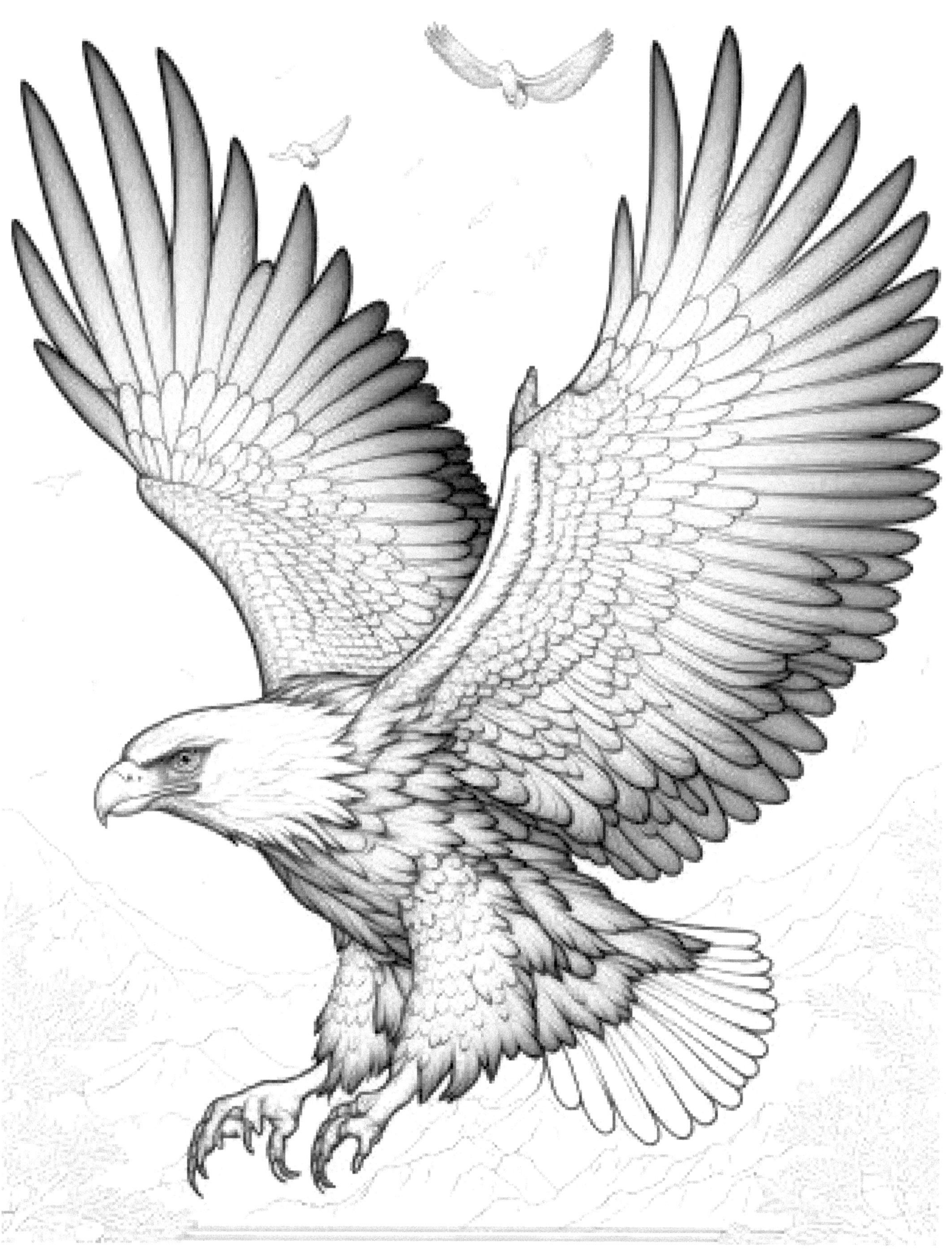

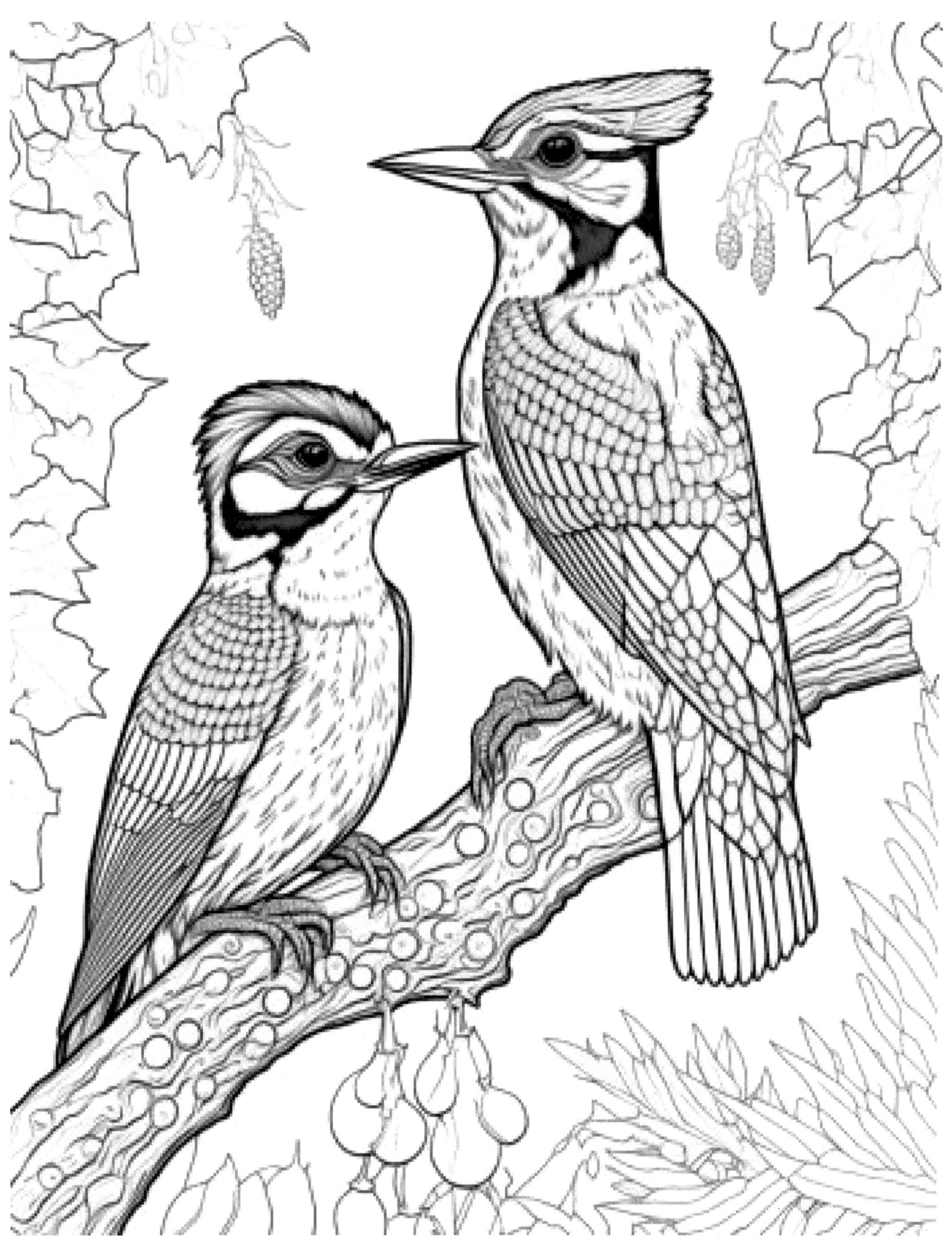

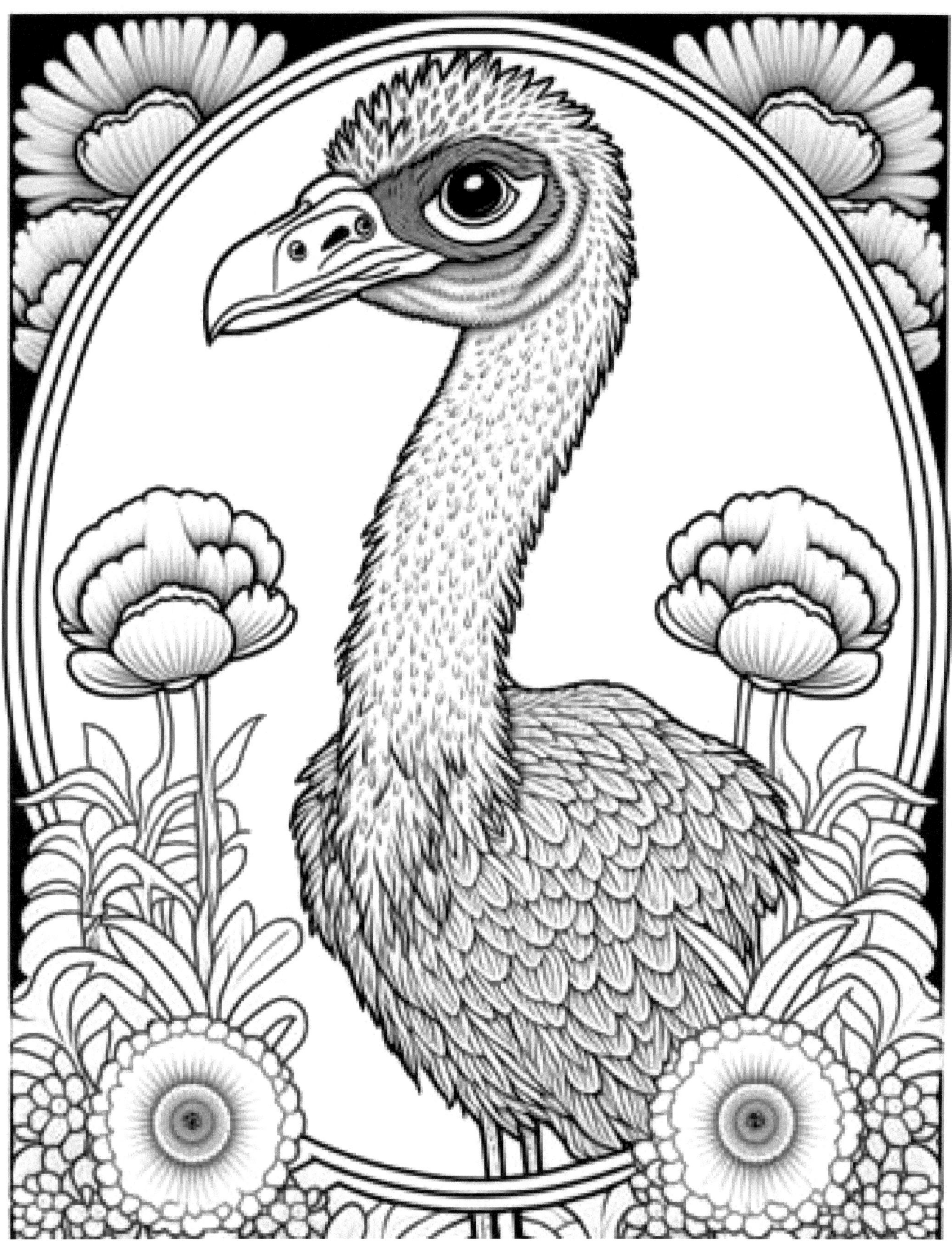

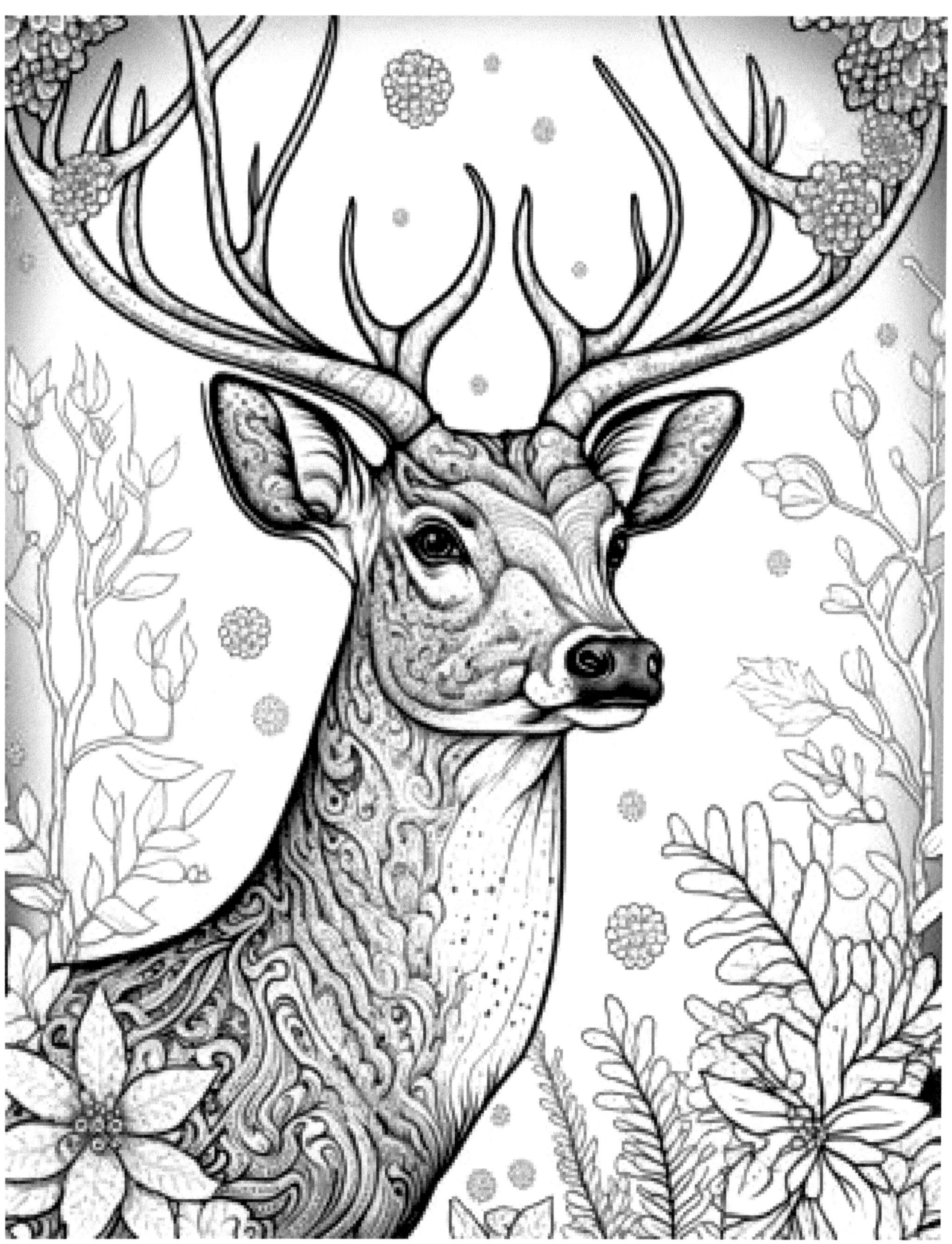

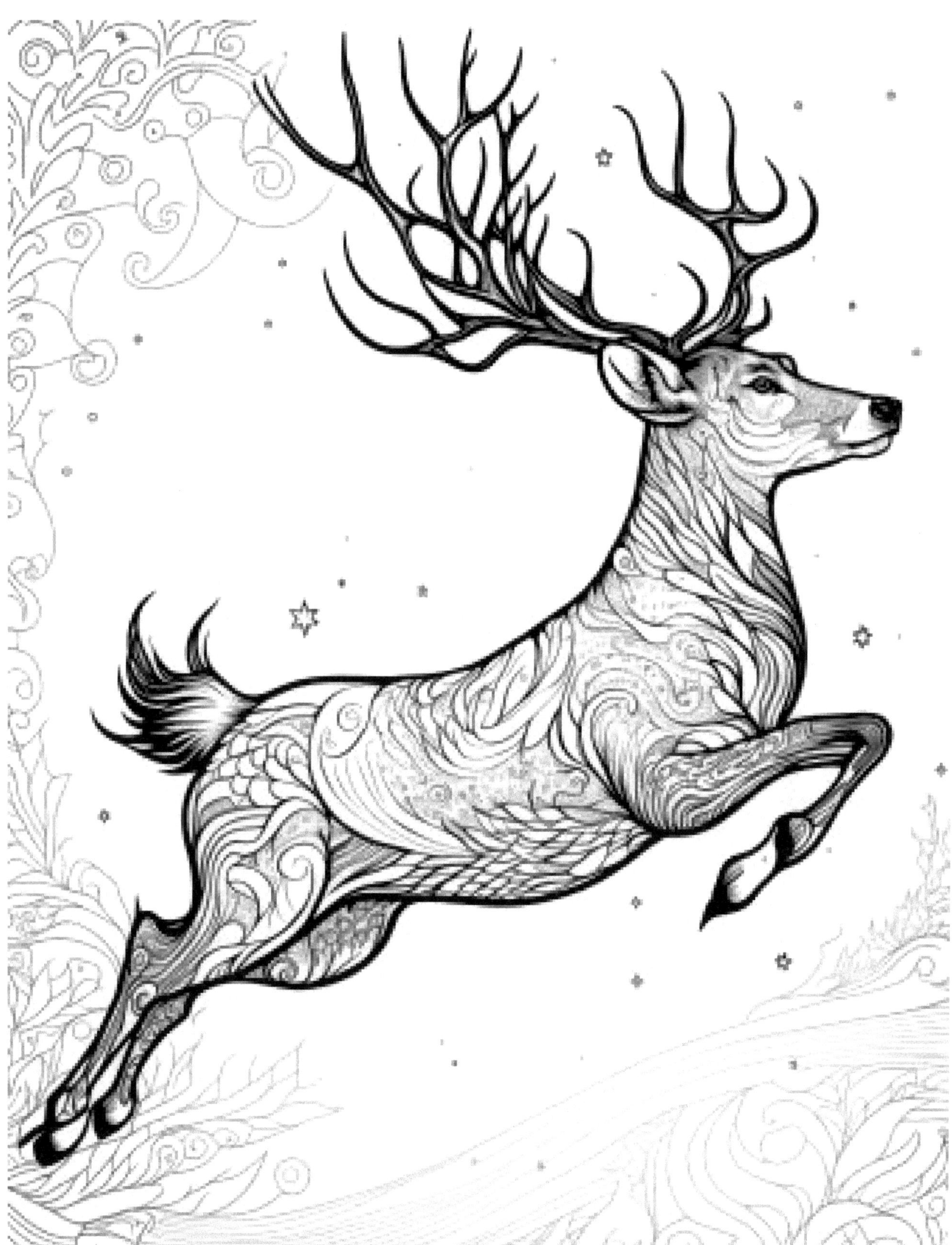

9 798889 862086

Printed by Libri Plureos GmbH in Hamburg,
Germany